여행영어
미리
훈련

여행영어 미리훈련

초판 1쇄 발행 | 2016년 9월 8일
초판 7쇄 발행 | 2025년 12월 2일

지은이 | 박광희

발행인 | 박효상
편집장 | 김현
기획·편집 진행 | 김현

디자인 | 고희선

마케팅 | 이태호, 이전희
관리 | 김태옥

종이 | 월드페이퍼 인쇄·제본 | 예림인쇄·바인딩

발행처 | 사람in 출판등록 | 제10-1835호

주소 | 04034 서울시 마포구 양화로 11길 14-10 (서교동) 3F
전화 | 02) 338-3555(代)   팩스 | 02) 338-3545
E-mail | saramin@netsgo.com   Website | www.saramin.com
인스타그램 | www.instagram.com/saramin_books   블로그 | blog.naver.com/saramcom

ⓒ 박광희 2016
ISBN | 978-89-6049-603-3 14740   978-89-6049-602-6 (세트)

책값은 뒤표지에 있습니다.
파본은 바꾸어 드립니다.

미리미리 연습해서 실전에선 거침없이

여행영어 미리 훈련

박광희 지음

사람in

머리글

여행, 말하기 훈련 먼저 하고
자신 있게 떠나자!

인천공항을 다녀올 때마다 '이제 한국에서도 해외 여행이 하나의 라이프스타일이 되었구나.' 라는 사실을 실감한다. 비행기를 타고 미지로 떠나는 해외 여행은 모든 사람들의 로망이다. 그래서 많은 사람들이 해외 여행을 계획하고 떠난다. 예전에야 깃발 아래 모여 정해진 스케줄 대로 따라 가는 패키지 여행이 대세였지만, 이제 많은 사람들이 천편일률적인 패키지 여행에는 식상해 한다. 그래서 자신이 알아서 일정을 짜고 자기 취향에 맞게 여행을 가는 자유 여행이 보편화되고는 있지만 그래도 아직 많은 사람들이 혼자서 여행 정보를 찾아 떠나는 자유 여행을 부담스러워하는 게 사실이다. 그렇지만 이제 앞으로의 여행은 이런 자유 여행이 더욱더 보편화될 것이고 여행의 모습도 다변화될 것이다.

여행 트렌드 얘기가 나왔으니 하는 말인데, 앞으로의 여행 트렌드를 예측하려면 일본을 보면 된다. 무슨 얘기인고 하니, 일본의 여행 트렌드가 시차를 두고 한국의 여행 트렌드가 되어 왔다는 것이다. 패키지 여행, 자유 여행이 모두 일본에서 유행했던 여행 트렌드이다. 그렇다면 현재 일본인들은 지금 어떤 여행을 하고 있을까? 요즘 일본인의 여행 트렌드는 '롱 스테이'(Long Stay), 즉 '현지인처럼 살아 보기'이다. 이를테면 '밴쿠버에서 밴쿠버 주민처럼 1주일 살아 보기' 같은 여행이 대세를 이룬다. 자유 여행이라는 이름 아래 눈도장과 인증 샷이나 찍는 여행은 더 이상 과거가 되어 버린 트렌드이다. 힐링과 더불어 여행을 통해 뭔가 느끼고 배우고 싶어 하는 '현지 체험 여행'이 뜨고 있다.

이 '현지 체험 여행'이 슬슬 한국에서도 바람을 타려 하고 있다. 사실, 많은 사람들이 꿈꾸는 궁극적인 여행이 바로 이 '현지 체험 여행'이지 않을까? 그런데 제대로 된 '현지 체험 여행'을 하기 위한 전제 조건이 있다. 바로 영어로 어느 정도 의사소통을 할 줄 알아야 한다는 것이다. 이건 영어권 비영어권 국가 할 것 없이 공통된 조건이다. 동남아 같은 비영어권 국가에서도 영어를 쓰면 굳이 그 나라 언어를 몰라도 의사소통이 이루어진다. 따라서 제대로 된 해외 여행을 하려면 영어 실력을 먼저 쌓아야 한다.

그런데 이렇게 중요한 영어 실력을 쌓기 위해 실제로는 어떻게 하는가? 거의 모든 사람들이 여행 영어책을 사서 그냥 들고 가기만 한다. 더 없다. 그걸로 끝이다. 그러려면 왜 책을 사나? 영어, 특히 여행지에 가서 쓸 영어는 끊임없이 연습하고 말해서 입근육을 부드럽게 해 놔야 한다. 연습을 안 하고 가는데 책에 있는 영어가 바로 입에서 나오겠는가? 절대 그렇지 않다. 모름지기 많이 훈련을 해야 나오는 게 영어이다. 문제는 기존의 여행 영어책들이 너무나 많은 표현만을 담는 데 주력하여 (혹은 그 반대로 너무 적은 내용만 담아서) 훈련을 간과해 왔다는 점이다.

그래서 부푼 꿈을 안고 떠나는 여행에 도움이 될 수 있도록 너무 부족하지도 과하지도 않는, 그렇지만 일단 여행지에 가서는 100% 꼭 쓰게 되는 영어 문장만을 모았다. 그리고 그 문장에서 새로운 단어만 대입하면 무수히 많은 문장을 만들어 낼 수 있는 뼈대 문장(패턴)을 제시해 쉽없이 훈련할 수 있게 했다. 이렇게 여러 번 말하고 직접 쓰다 보면 영어가 안 나올래야 안 나올 수가 없다. 그렇게 훈련이 끝났다면 이 책은 두고 가도 좋고 들고 가도 좋다. 단, 이 책의 제목과 콘셉트가 '미리 훈련'인 것을 늘 기억하자. 그리고 미리 훈련하고 가는 영어와 준비 없이 떠나는 사람의 영어는 천양지차라는 것도 알아두자.

이 책을 통해 영어가 여행의 걸림돌이 아니라 새로운 문물을 받아들이고 경험하는 데 커다란 역할을 할 수 있는 것임을 독자들이 깨닫는 계기가 되기를 간절히 바란다.

역마살이 낀 꿈동이
박광희

이 책의 특징

1 말하기 훈련 개념이 여행 영어로 들어온 최초의 책

이 책은 여행 전날 사서 여행 가방에 그냥 넣어가는 책이 아니다. 비행기 표를 예매한 날부터 떠나기 전날, 아니 떠나는 날까지 입이 부르트도록 연습해야 하는 책이다. 어학 학습에서 훈련이 강조되고 있지만 그 훈련의 개념을 여행 영어로까지 끌어온 것은 이 책이 처음이다.

2 여행 가면 100% 쓰게 되는 MUST SPEAK 문장

이 책의 영어 문장 수는 다른 책에 비해 많지 않다. 가서 전혀 쓸 일도 없고, 볼 일도 없는 문장은 철저히 다 뺐기 때문이다. 어떤 루트를 통해 여행을 가더라도 여기 나오는 문장을 안 쓸 수는 없다. 반드시 쓰는 문장만 바로 입에서 나오게 훈련하고 가면 응용은 자연스레 따라온다.

3 바꿔 말하고 쓰다 보면 영어가 나오는 유기적 훈련 구조

훈련의 개념을 여행 영어로 끌어온 최초의 책에서는 훈련을 어떻게 할까? 각각의 상황별로 꼭 쓰게 되는 문장을 골라 그 문장에서 뼈대가 되는 걸 추출한다. 뼈대가 있으니 살만 붙이면 끝. 이 뼈대 문장(패턴)에 다양한 단어와 구문을 바꿔서 연습해 보고 원어민이 읽은 것을 들어보고, 펜으로 직접 쓰기까지 한다. 이렇게 하면 영어가 안 나올래야 안 나올 수가 없다.

4 실제 여행을 하듯이 짜여진 프로세스와 요긴한 정보

전체 구조가 실제 여행 프로세스를 따라 활용할 수 있게 짜여져 있다. 그리고 영어를 미리 훈련하는 것 못지 않게 중요한 것이 실제 해외 여행에 필요한 정보이다. 한국에서야 스타벅스 커피숍에서 커피 주문하는 게 일도 아니지만 막상 나가 보면 상황이 다르다. 그래서 해외 스타벅스에서는 음료를 영어로 어떻게 주문하는지, 또 브랜드숍에서 가방을 구입하면 세금 혜택은 어떻게 받는지, 해외에서 가장 헷갈리는 것 중 하나인 팁은 어떻게 처리하는지, 영어 훈련과 동시에 실제 여행에 필요한 정보를 가득 담았다.

5 휴대폰만 갖다 대면 바로바로 들리는 원어민 음성 파일 지원

책에 수록된 단어와 뼈대 문장, 실전 회화 문장 등을 모두 녹음했으며, QR 코드를 수록해 휴대폰만 대면 원어민 음성이 바로 귀에 쏙쏙 들어온다. 큰 소리로 읽고 원어민 음성으로 확인하면서 여행, 차근차근 준비해 보자!

이 책의 구성과 활용법

UNIT 1 - UNIT 23

총 23개 유닛으로 실제 여행자의 이동을 따라 목차를 구성했다. 기내부터 해외 도착, 입국 심사, 숙소 찾아가기, 체크인, 관광, 쇼핑 등 모든 여행자들의 동선을 기준으로 필수 상황을 선별했다.

SINGLE WORDS COMBO PHRASES

각 상황별로 알아야 할 필수 어휘를 SINGLE WORDS와 COMBO PHRASES로 구분해 수록했다. 여기에 나오는 어휘는 무조건 다 암기해야 할 부분이다. QR 코드로 원어민 음성을 들으며 정확한 발음으로 읽는 것을 잊지 말자. 이 주요 어휘만 제대로 익혀도 회화문으로 응용이 가능하다.

뼈대 문장 익히기

여행 시 해당 상황에서 반드시 꼭 쓰게 되는 간결한 문장 위주로 필수 문장을 선별했다. 그리고 그 문장들의 핵심이 되는 뼈대 문장(pattern)을 추출해 다양한 응용 훈련을 할 수 있다. 한 UNIT당 8개의 뼈대 문장이 있고 각 뼈대 문장은 4개의 문장으로 응용할 수 있다. 제시한 예문에서 흰색으로 표시한 부분은 뼈대 문장, 검정색으로 표시한 부분은 바꿔서 말할 부분이다. 해당 문장과 뼈대가 어떤 상황에서 쓰여야 하는지 정확하고 친절한 부가 설명이 붙어 있다. 단어와 구문을 바꿔 세 번씩 큰 소리로 읽고 QR 코드를 찍어서 듣고 펜으로 답을 써야 한다.

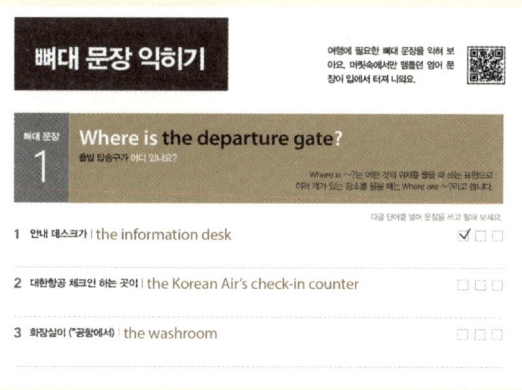

실전 회화

실제 여행자들이 많이 경험하고 방문하는 곳과 상황을 그대로 묘사한 다이얼로그로 뼈대 문장에서 익힌 문장들이 실전에서 어떻게 쓰이는지 자연스럽게 체화할 수 있는 섹션이다. 여행에서는 내가 말할 수 있어야 하는 건 당연히 중요한 것이고, 경우에 따라서는 상대방의 말을 알아듣는 게 중요한 때가 있다. 여기서는 말하고 알아듣는 게 중요한 문장은 폰트를 크게 하여 시각적으로 눈에 바로 들어오게 했다. 내가 말해야 할 부분은 반드시 여러 번 말해 보고 들어서 마스터하도록 하자. 아무리 간단한 표현도 말하지 않으면 나오지 않는다.

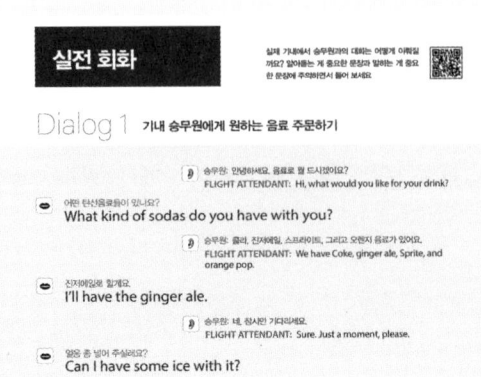

실전 말하기 훈련

앞서 본 실전 회화 중에서 특별히 따로 훈련해야 할 문장들을 뽑아 말하기 훈련하는 부분이다. 이렇게 하다 보면 중요한 문장은 여러 번 반복하게 되어 어느덧 입에 붙게 된다. 많이 듣고 말해 본 사람이 실전에도 강하다. 회화 속 중요한 표현을 큰소리로 말해 보자.

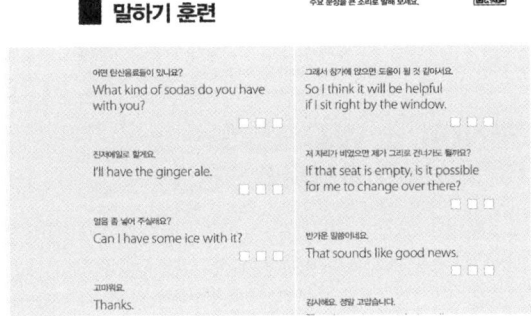

보고 바로 말하기

실제 상황에서 대부분의 사람들은 우리말 문장을 머릿속에 먼저 떠올리고서 영어 문장을 생각한다. 하지만 해외에 나가서는 우리말과 동시에 영어를 떠올리고 바로 내뱉어야 한다. 영어 훈련의 마지막 단계로 우리말 문장을 보고 영어로 바로 말해 보자. 완전히 술술 나올 때까지 반복한다.

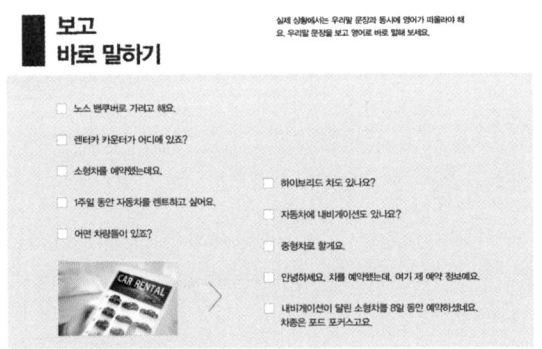

모든 섹션에는 QR 코드가 수록돼 있어
손쉽게 스마트폰으로 음원을 확인할 수 있다.

**(무료 mp3 다운로드: 사람인 홈페이지(www.saramin.com) 로그인
- 학습자료실 - 여행영어 미리훈련)**

차례

UNIT 1	승무원에게 음료 주문하고 여러 가지 부탁하기	**11**
UNIT 2	두근두근 공항 입국 심사 통과하기	**21**
UNIT 3	택시와 무료 셔틀버스로 호텔 찾아가기	**31**
UNIT 4	택시와 유료 셔틀버스 이용하기	**41**
UNIT 5	호텔 체크인·체크아웃 하기	**51**
UNIT 6	호텔 룸서비스 이용하기	**61**
UNIT 7	예약한 렌터카를 찾아서 민박집(B&B)으로 향하기	**71**
UNIT 8	민박집(B&B) 주인과 대화하며 친해지기	**81**
UNIT 9	관광 안내소에서 지도 받고 대중교통 이용에 대해 묻기	**91**
UNIT 10	승차권 구매 후 버스 타기	**101**
UNIT 11	관광객에게 말 걸며 함께 걸어가기	**111**
UNIT 12	행인에게 길 묻고 사진 찍어 달라고 부탁하기	**121**
UNIT 13	경치 만끽 후 기념품 가게에서 물건 사기	**131**
UNIT 14	공연 티켓 예매하고 관람하기	**141**
UNIT 15	스테이크 주문하고, 남은 음식 포장 부탁하며 계산하기	**151**
UNIT 16	스파게티 주문하고, 팁과 할인에 대해 묻기	**163**
UNIT 17	중국·포르투갈 음식점에서 이국의 맛 체험하기	**173**
UNIT 18	메뉴 많은 스타벅스에서 음료 주문하기	**183**
UNIT 19	패스트푸드점에서 햄버거 주문하기	**193**
UNIT 20	카페에서 샌드위치와 수프 주문하고, 도넛 모음 테이크아웃 하기	**203**
UNIT 21	매장에서 이것저것 물어보며 옷과 신발 쇼핑하기	**213**
UNIT 22	브랜드 매장에서 쇼핑 후 부가세 환급에 대해 물어보기	**223**
UNIT 23	대형 마트에서 쇼핑하고 환불하기	**233**
ANSWERS	뼈대 문장 정답 확인	**243**

UNIT 1

승무원에게 음료 주문하고
여러 가지 부탁하기

단어만 알아도 안심이 돼요.

실제 공항과 기내 상황에서 꼭 알아야 하는 건 아래 단어만으로도 충분해요. 정확하게 말할 수 있게 발음을 듣고 따라 해 보세요.

SINGLE WORDS

탑승	boarding
좌석 벨트	seatbelt
손수레	cart
비행	flight
화장실	lavatory[2]
출발	departure
음식 쟁반	tray
복도/창가	aisle/window
오락	entertainment
짐칸	compartment
탄산음료	soda

COMBO PHRASES

탑승권	boarding pass
좌석 벨트를 매다	fasten a seatbelt
서비스용 손수레	service cart
비행기 승무원	flight attendant[1]
화장실 표시	lavatory sign
출발 탑승구	departure gate
음식 쟁반을 얹어 놓는 접이대	tray table
복도 좌석/창가 좌석	aisle seat/window seat
개인용 오락 화면	entertainment monitor
좌석 위 짐칸	overhead compartment
탄산음료 종류	kind of sodas

[1] 스튜어디스(stewardess)보다 이 단어를 더 많이 써요.
[2] 비행기의 화장실은 lavatory예요.

뼈대 문장 익히기

여행에 필요한 뼈대 문장을 익혀 보아요. 머릿속에서만 맴돌던 영어 문장이 입에서 터져 나와요.

뼈대 문장 1 | Where is the departure gate?
출발 탑승구가 어디 있나요?

Where is ~?는 어떤 것의 위치를 물을 때 쓰는 표현으로 여러 개가 있는 장소를 물을 때는 Where are ~?라고 씁니다.

다음 단어를 넣어 문장을 쓰고 말해 보세요.

1 안내 데스크가 | the information desk ☑ ☐ ☐

2 대한항공 체크인 하는 곳이 | the Korean Air's check-in counter ☐ ☐ ☐

3 화장실이 (*공항에서) | the washroom ☐ ☐ ☐

4 화장실이 (*기내에서) | the lavatory ☐ ☐ ☐

뼈대 문장 2 | How do I get to Gate 20?
20번 탑승구로 어떻게 가죠?

특정한 장소에 가거나 도착하는 법을 알고 싶을 때 씁니다.

1 17A 탑승구로 | Gate 17A ☐ ☐ ☐

2 31B 탑승구로 | Gate 31B ☐ ☐ ☐

3 2번 터미널로 | Terminal 2 ☐ ☐ ☐

4 새로 생긴 국제 터미널로 | the new International Terminal ☐ ☐ ☐

UNIT 1 승무원에게 음료 주문하고 여러 가지 부탁하기

뼈대 문장 3

My flight will depart at 6 p.m.
우리 비행기는 오후 6시에 출발할 거예요.

미래에 일어날 일을 나타낼 때 조동사 will을 씁니다.
뒤에 동사원형을 붙여 주면 OK!

1 곧 출발할 거예요. | will depart shortly ☐ ☐ ☐

2 10분 전에 도착했어요. | arrived 10 minutes ago ☐ ☐ ☐

3 1시간 정도 지연될 예정이에요. | will be delayed by an hour ☐ ☐ ☐

4 취소되었어요. | has been canceled* ☐ ☐ ☐

*전에 취소된 상태에서 현재까지 계속 그 상태이기 때문에 현재완료(has+p.p.)를 썼어요.

뼈대 문장 4

Excuse me, is this seat 30 D?
실례지만, 이 좌석 30 D 맞나요?

모르는 사람에게 다짜고짜 질문부터 하지 마시고
반드시 Excuse me,를 먼저 말하고서 물어보세요.

1 5 A 맞나요? | 5 A ☐ ☐ ☐

2 24 F 맞나요? | 24 F ☐ ☐ ☐

3 비었나요? | empty* ☐ ☐ ☐

4 주인이 있나요? | taken** ☐ ☐ ☐

*empty: 빈
**The seat is taken.: (자리에) 주인이 있습니다.

뼈대 문장 5

I'd like some coffee, please.
커피 좀 주세요.

I'd는 I would의 줄임말로 would like는 '원하다, 먹고 싶다'의 뜻입니다. 뒤에 자신이 원하는 것을 쓰면 되지요. please를 붙여 주면 금상첨화!

1 녹차 한 잔 | a cup of green tea ☐ ☐ ☐

2 콜라 한 캔 | a can of Coke* ☐ ☐ ☐

3 얼음이랑 같이 다이어트 코크 하나 | a Diet Coke with ice ☐ ☐ ☐

4 꿀 발라 구운 땅콩 좀 | some honey-roasted peanuts ☐ ☐ ☐

*Coke는 코카콜라를 뜻했지만 요즘은 cola 대신 Coke라고 많이 씁니다.

뼈대 문장 6

What kind of sodas do you have with you?
어떤 탄산음료들이 있나요?

종류가 궁금할 때는 해당 단어 앞에 What kind of를 쓰세요. kind 대신 sort를 써도 좋아요.

1 간식들이 | snacks ☐ ☐ ☐

2 과일들이 | fruit ☐ ☐ ☐

3 빵들이 | bread ☐ ☐ ☐

4 와인들이 | wine ☐ ☐ ☐

UNIT 1 승무원에게 음료 주문하고 여러 가지 부탁하기

뼈대 문장 7

May I have one more blanket?
담요 하나만 더 주실래요?

Can I ~?로 써도 좋지만 May I ~?로 쓰면 더 정중한 느낌을 줘요.
one은 '한 개', more는 '더'의 뜻이에요.

1 냅킨 | napkin ☐☐☐

2 베개 | pillow ☐☐☐

3 맥주 | beer ☐☐☐

4 스프라이트 | Sprite ☐☐☐

뼈대 문장 8

Could you remove my tray?
제 음식 쟁반 좀 치워 주실래요?

부탁할 때는 정중하게!
상대가 해 줬으면 하는 행위 앞에 Could you ~?를 쓰면 아주 공손하게 부탁하는 느낌이에요.

1 이 컵 | this cup ☐☐☐

2 이 콜라 캔 | this Coke can ☐☐☐

3 남은 음식 | the leftover food* ☐☐☐

4 신문들 | the newspapers ☐☐☐

*leftover food 대신 leftover만 써도 같은 의미예요.

실전 회화

Dialog 1 기내 승무원에게 원하는 음료 주문하기

승무원: 안녕하세요, 음료로 뭘 드시겠어요?
FLIGHT ATTENDANT: Hi, what would you like for your drink?

어떤 탄산음료들이 있나요?
What kind of sodas do you have with you?

승무원: 콜라, 진저에일, 스프라이트, 그리고 오렌지 음료가 있어요.
FLIGHT ATTENDANT: We have Coke, ginger ale, Sprite, and orange pop.

진저에일로 할게요.
I'll have the ginger ale.

승무원: 네, 잠시만 기다리세요.
FLIGHT ATTENDANT: Sure. Just a moment, please.

얼음 좀 넣어 주실래요?
Can I have some ice with it?

승무원: 알겠습니다.
FLIGHT ATTENDANT: Certainly.

고마워요.
Thanks.

승무원: 아닙니다. 맛있게 드세요.
FLIGHT ATTENDANT: You are very welcome. Enjoy!

What would you like for ~?: ~로 뭘 원하세요?/드시겠어요?
ginger ale: 생강 맛을 가미한 무알코올 탄산음료

Dialog 2 승무원에게 좌석을 창가로 바꿔 달라고 부탁하기

실례합니다. 저기 창가 좌석 비었나요?
Excuse me! Is that seat by the window empty?

승무원: 좌석에 무슨 문제가 있으신가요?
FLIGHT ATTENDANT: Is there something wrong with your seat?

아뇨. 제가 가끔 비행기 멀미를 해요. 그래서 창가에 앉으면 도움이 될 것 같아서요.
No, but sometimes I get airsick, so I think it will be helpful if I sit right by the window.

승무원: 무슨 말씀인지 알겠습니다.
FLIGHT ATTENDANT: I see what you mean.

저 자리가 비었으면 제가 그리로 건너가도 될까요?
If that seat is empty, is it possible for me to change over there?

승무원: 보통은 저희가 승객 분들이 좌석을 변경하지 못하게 합니다. 하지만 이 경우는 괜찮을 것 같네요.
FLIGHT ATTENDANT: Normally, we don't allow passengers to change their seats. But in this case, I believe it is okay.

반가운 말씀이네요.
That sounds like good news.

승무원: 혹시 나중에 필요하시면 좌석 주머니에 비닐 봉지가 들어 있어요.
FLIGHT ATTENDANT: There is a plastic bag located in the seat pocket, if you need one later.

감사해요. 정말 고맙습니다.
Thank you so much. I really appreciate it.

---

get airsick: 비행기 멀미를 하다
in this case: 이 경우에는
plastic bag: 비닐봉지
I really appreciate it: Thank you로는 표현할 수 없는 극 감사함을 나타내는 표현

실전 말하기 훈련

많이 듣고 말해 본 사람이 실전에도 강합니다. 뼈대 문장 훈련으로 워밍업이 됐다면 실전 회화 속 주요 문장을 큰 소리로 말해 보세요.

어떤 탄산음료들이 있나요?
What kind of sodas do you have with you?

진저에일로 할게요.
I'll have the ginger ale.

얼음 좀 넣어 주실래요?
Can I have some ice with it?

고마워요.
Thanks.

실례합니다. 저기 창가 좌석 비었나요?
Excuse me! Is that seat by the window empty?

아뇨. 제가 가끔 비행기 멀미를 해요.
No, but sometimes I get airsick.

그래서 창가에 앉으면 도움이 될 것 같아서요.
So I think it will be helpful if I sit right by the window.

저 자리가 비었으면 제가 그리로 건너가도 될까요?
If that seat is empty, is it possible for me to change over there?

반가운 말씀이네요.
That sounds like good news.

감사해요. 정말 고맙습니다.
Thank you so much. I really appreciate it.

UNIT 1 승무원에게 음료 주문하고 여러 가지 부탁하기

보고
바로 말하기

실제 상황에서는 우리말 문장과 동시에 영어가 떠올라야 해요. 우리말 문장을 보고 영어로 바로 말해 보세요.

- ☐ 출발 탑승구가 어디 있나요?
- ☐ 20번 탑승구로 어떻게 가죠?
- ☐ 우리 비행기는 오후 6시에 출발할 거예요.
- ☐ 실례지만, 이 좌석 30 D 맞나요?
- ☐ 커피 좀 주세요.
- ☐ 어떤 탄산음료들이 있나요?

- ☐ 담요 하나만 더 주실래요?
- ☐ 제 음식 쟁반 좀 치워 주실래요?
- ☐ 얼음 좀 넣어 주실래요?
- ☐ 실례합니다. 저기 창가 좌석 비었나요?

- ☐ 제가 가끔 비행기 멀미를 해요.
- ☐ 창가에 앉으면 도움이 될 것 같아요.
- ☐ 저 자리가 비었으면 제가 그리로 건너가도 될까요?

UNIT 2

두근두근
공항 입국 심사 통과하기

단어만 알아도 안심이 돼요.

실제 입국 심사 통과 시 꼭 알아야 하는 건 아래 단어만으로도 충분해요. 정확하게 말할 수 있게 발음을 듣고 따라 해 보세요.

SINGLE WORDS

목적	purpose
입국 심사	immigration
세관, 관세	customs[1]
세관 신고를 하다	declare
세관 신고	declaration
짐, 수하물	baggage
시민권	citizenship
공항 수하물 벨트	carousel
여행 가방	suitcase
국경	border
심사관	officer

COMBO PHRASES

방문 목적	the purpose of visit
입국 심사를 통과하다	go through immigration
세관을 통과하다	go through customs
세관 신고할 것	anything to declare
세관 신고서	declaration form
짐 찾는 곳	baggage claim
이중 국적	dual citizenship[2]
공항 수하물 벨트에서 가방을 꺼내다	take one's bag off the carousel
여행 가방을 풀다	unpack one's suitcase
출입국관리	Border Control[3]
입국 심사관	immigration officer

---

1 꼭 -s를 붙여야 해요. custom은 '관습'의 뜻이거든요.
2 dual nationality라고도 합니다.
3 직역하면 '국경 검문'이지만 입국 심사 관해서는 '출입국관리'의 뜻이에요.

뼈대 문장 익히기

여행에 필요한 뼈대 문장을 익혀 보아요. 머릿속에서만 맴돌던 영어 문장이 입에서 터져 나와요.

뼈대 문장 1

Could I get another declaration form?
세관 신고서를 하나 더 얻을 수 있을까요?

Could I ~?는 '내가 ~할 수 있을까요?'로 허락을 구하는 정중한 표현입니다. another 대신 one more를 써도 괜찮아요.

다음 단어를 넣어 문장을 쓰고 말해 보세요.

1 입국 신고서를 | immigration form

2 I-94 신고서를 | I-94 form*

3 출국 신고서를 | departure card

4 신청서를 | application form

* I-94: 미국 입국 신고서의 정식 명칭

뼈대 문장 2

I am here with my family.
여기 가족과 함께 왔어요.

I am here ~는 '(내가) 여기 있다' 보다 '(내가) 여기에 왔다'의 뜻으로 더 많이 쓰여요. 입국 심사 때 누구랑 왔냐는 일행에 관한 질문에 아주 유용하게 활용할 수 있어요.

1 친구들과 함께 | with my friends

2 친구들 몇 명이랑 함께 | with some friends of mine

3 누이 두 명과 함께 | with my two sisters

4 혼자 | by myself*

* by oneself: 혼자(= alone)

UNIT 2 두근두근 공항 입국 심사 통과하기

뼈대 문장 3

We are a family of three/three.

우리 가족은 세 명이에요.

이 표현 꼭 알아두세요. 의외로 가족 수 말할 때 헤매는 경우가 많습니다.
간단하게 〈We are〉 다음에 숫자만 써도 되고, a family of 뒤에 숫자를 붙여 '○ 명인 가족'을 표현할 수 있어요.

1 가족은 네 명 | a family of four

2 가족은 다섯 명 | five

3 가족은 여섯 명 | a family of six

4 가족은 열한 명 | eleven

*family 대신 group이나 company 등을 쓰면 일행이 몇 명인지 나타낼 수 있어요.

뼈대 문장 4

My son is in 5th grade.

우리 아들은 5학년이에요.

'몇 학년이다'는 〈주어+be동사+in+해당 학년+grade〉로 표현합니다. 이때 해당 학년은 서수로 씁니다.
유치원이나 중학교 재학 중처럼 학년을 나타내지 않고 말할 때는 〈주어+be동사+in+재학 기관〉으로 표현하면 됩니다.

1 1학년 | in 1st grade

2 3학년 | in 3rd grade

3 유치원 다녀요 | in kindergarten

4 고등학교 다녀요 | in high school

뼈대 문장 5

I am going to stay in New York for 10 days.
전 뉴욕에서 열흘 있을 거예요.

〈be going to+동사원형〉은 하려고 계획한 일을 말할 때 써요. 체류 기간은 거의 이 표현을 고정적으로 씁니다.

1 열흘쯤 | about 10 days □□□

2 2주 | a couple of weeks □□□

3 며칠 | a few days □□□

4 한 달 반 | one and a half months □□□

뼈대 문장 6

I am an office worker.
전 회사원이에요.

직업을 물을 때 간단명료하게 답할 수 있는 표현입니다. I am 뒤에 직업 관련 명사나 형용사형을 쓸 수 있습니다.

1 공무원 | a public employee □□□

2 프리랜서 프로그래머 | a freelance programmer □□□

3 자영업을 해요 | self-employed □□□

4 은퇴했어요 | retired □□□

뼈대 문장 7

Where can I find my luggage?
제 짐은 어디에 있죠?

Where can I ~?는 '어디서 내가 ~할 수 있나요?'의 뜻이에요. 직접적으로 Where is/are ~?로 묻는 것보다 더 완곡하게 표현하는 문장이니 꼭 알아두세요.

1 짐 찾는 곳이 | the baggage claim

2 손수레가 | a cart

3 환승 카운터가 | the transit counter

4 분실물 센터가 | the Lost and Found office

뼈대 문장 8

I've lost my passport.
여권을 분실했어요.

I lost my passport.는 과거에 여권을 잃어버린 사실 그 하나만을 언급해요. 하지만 I've lost my passport.라고 하면 과거에 잃어버렸는데, 지금도 여권이 없는 상태임을 뜻합니다. 과거의 일이 현재와 연관될 때는 〈have+과거분사(p.p.)〉를 쓰세요.

1 짐을 | my luggage

2 여행 가방을 | my suitcase

3 세관 신고서를 | my declaration form

4 지갑을 | my wallet

실전 회화

실제 공항 입국 심사대에서의 대화는 어떻게 이뤄질까요? 알아듣는 게 중요한 문장과 말하는 게 중요한 문장에 주의하면서 들어 보세요.

Dialog 1   뉴욕 JFK 공항에서 입국 심사관 질문에 답하기

심사관: 여기는 혼자 오셨어요?
OFFICER: Are you here all by yourself?

아뇨, 여기 가족과 함께 왔어요.
No, I am here with my family.

심사관: 가족이 몇 명이세요?
OFFICER: How many people are in your family?

네 명이에요.
There are four of us.

심사관: (아들에게 말을 걸며) 너 몇 학년이니?
OFFICER: (speaking to the son) What grade are you in?

5학년이에요.
I'm in 5th grade.

심사관: 뉴욕에는 얼마 동안 계실 건가요?
OFFICER: How long are you guys going to stay in New York?

열흘 동안이요.
For 10 days.

심사관: 방문 목적이 뭐죠?
OFFICER: What is the purpose of your visit?

뉴욕 관광을 하고 나이아가라 폭포를 볼 거예요.
A tour in New York and to see Niagara Falls.

심사관: 어디서 묵으실 건가요?
OFFICER: Where are you going to stay?

하얏트 플레이스 호텔이요.
At the Hyatt Place Hotel.

심사관: 세관에 신고할 게 있나요?
OFFICER: Anything to declare?

없어요.
Nothing.

---

tour: 관광   Niagara Falls: 나이아가라 폭포

Dialog 2 입국 심사관에 대답하는 비즈니스 맨

심사관: 여권과 세관 신고서 좀 보여 주세요.
OFFICER: Can I have your passport and declaration form?

여기 있어요.
Here it is.

심사관: 방문 목적이 뭐죠?
OFFICER: What is the purpose of your visit?

일 때문에요. 이번 주 일요일에 컨벤션 센터에서 전시회가 있어요.
Business. I have an exhibition at the convention center this Sunday.

심사관: 어떤 전시회인가요?
OFFICER: What is it about?

다양한 최신 전자 장비들을 공개하는 거예요.
It is about showing new and different types of electronic devices.

심사관: 전시회는 얼마 동안 하나요?
OFFICER: How long is the exhibition?

2주요.
It's two weeks.

심사관: 한국에서는 무슨 일 하세요?
OFFICER: What do you do in Korea?

삼성전자에서 기술자로 근무합니다.
I work at Samsung Electronics as an engineer.

심사관: 어디서 묵으실 건가요?
OFFICER: Where will you stay?

엠지엠 호텔에서 묵을 거예요.
I'll stay at the MGM Hotel.

electronic: 전자공학의

실전 말하기 훈련

많이 듣고 말해 본 사람이 실전에도 강합니다. 뼈대 문장 훈련으로 워밍업이 됐다면 실전 회화 속 주요 문장을 큰 소리로 말해 보세요.

여기 가족과 함께 왔어요.
I am here with my family.

(가족은) 네 명이에요.
There are four of us.

뉴욕 관광을 하고 나이아가라 폭포를 볼 거예요.
A tour in New York and to see Niagara Falls.

하얏트 플레이스 호텔이요.
At the Hyatt Place Hotel.

없어요.
Nothing.

여기 있어요.
Here it is.

일 때문에요. 이번 주 일요일에 컨벤션 센터에서 전시회가 있어요.
Business. I have an exhibition at the convention center this Sunday.

다양한 최신 전자 장비들을 공개하는 거예요.
It is about showing new and different types of electronic devices.

2주요.
It's two weeks.

삼성전자에서 기술자로 근무해요.
I work at Samsung Electronics as an engineer.

엠지엠 호텔에서 묵을 거예요.
I'll stay at the MGM Hotel.

보고
바로 말하기

실제 상황에서는 우리말 문장과 동시에 영어가 떠올라야 해요. 우리말 문장을 보고 영어로 바로 말해 보세요.

- [ ] 세관 신고서를 하나 더 얻을 수 있을까요?
- [ ] 여기 가족과 함께 왔어요.
- [ ] 우리 가족은 세 명이에요.
- [ ] 우리 아들은 5학년이에요.
- [ ] 전 뉴욕에서 열흘 있을 거예요.
- [ ] 전 회사원이에요.

- [ ] 제 짐은 어디에 있죠?
- [ ] 여권을 분실했어요.
- [ ] 뉴욕 관광을 하고 나이아가라 폭포를 볼 거예요.
- [ ] 다양한 최신 전자 장비들을 공개하는 거예요.
- [ ] 삼성전자에서 기술자로 근무해요.
- [ ] 엠지엠 호텔에서 묵을 거예요.

UNIT 3

택시와 무료 셔틀버스로
호텔 찾아가기

단어만 알아도 안심이 돼요.

실제 택시나 버스를 탈 때 꼭 알아야 하는 건 아래 단어만으로도 충분해요. 정확하게 말할 수 있게 발음을 듣고 따라 해 보세요.

SINGLE WORDS

거스름돈	change
요금	fare[1]
셔틀버스	shuttle
교통	traffic[2]
승강장	stand
줄	line
팁	tip
영수증	receipt
(차를) 타다	get in
(차에서) 내리다	get out of

COMBO PHRASES

거스름돈은 가지세요!	Keep the change!
택시 요금	taxi fare
공항 셔틀버스	airport shuttle
교통 신호등	traffic lights
택시 승강장	taxi stand
줄 서서 기다리다	wait in line[3]
팁을 주다	give a tip
영수증을 요구하다	ask for a receipt
택시를 타다	get in a taxi
택시에서 내리다	get out of the taxi

---

1 교통 등의 서비스에 지불하는 요금은 fare예요.
2 차의 흐름을 나타낼 때의 교통은 traffic으로 표현해요.
3 in line: 줄 서서

뼈대 문장 익히기

여행에 필요한 뼈대 문장을 익혀 보아요. 머릿속에서만 맴돌던 영어 문장이 입에서 터져 나와요.

뼈대 문장 1
I am looking for the shuttle bus stops.
셔틀버스 정류장을 찾고 있어요.

look for ~는 '~을 찾다'이며 be동사와 함께 진행형으로 많이 쓰여요.

다음 단어를 넣어 문장을 쓰고 말해 보세요.

1 택시 승강장을 | the taxi stand ☐☐☐

2 안내 데스크를 | an information desk ☐☐☐

3 환전소를 | the currency exchange* ☐☐☐

4 휴대폰 충전소를 | a cell phone charging** station ☐☐☐

*currency exchange는 '환율'의 의미도 있고 '환전소'의 의미도 있어요.   **charge: 충전하다

뼈대 문장 2
I'd like to go to the Holiday Inn Hotel from here.
여기서 홀리데이인 호텔로 가려고요.

〈I'd like to+동사원형~〉은 '~하고 싶다/~하기를 원하다'인데 자신이 하려고 하는 걸 이렇게 표현하기도 해요.

1 시내에 있는 홀리데이인 호텔로 | the Holiday Inn Hotel downtown ☐☐☐

2 리츠 칼튼 호텔로 | the Ritz Carlton Hotel ☐☐☐

3 인터컨티넨털 호텔로 | the Intercontinental Hotel ☐☐☐

4 포시즌 호텔로 | the Four Seasons Hotel ☐☐☐

UNIT 3 택시와 무료 셔틀버스로 호텔 찾아가기

뼈대 문장 3

Could you take me to Central Park?
센트럴 파크로 가 주실래요?

⟨take A to 장소⟩는 'A를 장소에 데리고 가다'의 뜻입니다. 택시를 타고 행선지를 말할 때 유용한 표현입니다.

1 타임 스퀘어로 | Times Square □ □ □

2 링컨 센터로 | Lincoln Center □ □ □

3 코니 아일랜드로 | Coney Island □ □ □

4 양키 스타디움으로 | Yankee Stadium □ □ □

여긴 모두 뉴욕에 있는 관광명소들이에요.

뼈대 문장 4

How much would it cost to Central Park?
센트럴 파크까지 가는데 가격이 얼마쯤 되죠?

가격이 얼마나 되는지, 비용이 얼마나 나오는지 공손하게 물어보는 표현이에요.
여기서 쓰인 it은 '그것'의 의미가 아니라 '비용' 등을 물어볼 때 주어로 넣어 주는 말이에요.

1 타임 스퀘어까지 | Times Square □ □ □

2 링컨 센터까지 | Lincoln Center □ □ □

3 코니아일랜드까지 | Coney Island □ □ □

4 양키 스타디움까지 | Yankee Stadium □ □ □

뼈대 문장 5

Can you get me there in ten minutes?
10분 안에 거기로 데려다 줄 수 있어요?

〈get A 장소〉는 'A를 장소에 데려다 주다'의 뜻이에요. 택시 타면서 '00분 안에 거기 가실 수 있어요?'라고 말하고 싶을 때 쓰면 딱입니다.

1 딱 10분 | just ten minutes ☐☐☐

2 15분 | fifteen minutes ☐☐☐

3 30분 | thirty minutes* ☐☐☐

4 30분 | half an hour* ☐☐☐

*30분은 **thirty minutes**라고도 하고, '한 시간의 반'의 의미로 '**half an hour**'로 표현하기도 해요.

뼈대 문장 6

Is this line for the shuttle to the Hilton Hotel?
이게 힐튼 호텔행 셔틀버스 줄인가요?

'~행 셔틀버스'라고 표현할 때는 〈the shuttle to+행선지〉로 쓰면 간단해요. 참고로 이렇게 물어볼 때 앞에 Excuse me,를 붙이면 더 공손한 느낌을 주지요.

1 그랜드 하얏트 호텔 | the Grand Hyatt Hotel ☐☐☐

2 파크 하얏트 호텔 | the Park Hyatt Hotel ☐☐☐

3 하얏트 리젠시 호텔 | the Hyatt Regency Hotel ☐☐☐

4 하얏트 플레이스 호텔 | the Hyatt Place Hotel ☐☐☐

뼈대 문장 7	**How often does the shuttle run?**

셔틀버스가 얼마나 자주 다니나요?

횟수를 나타낼 때는 How often ~?으로 물으면 됩니다.
run은 '달리다, 뛰다' 외에 '(어떤 것이 정기적으로) 다니다, 운행되다'의 뜻이 있습니다.

1 무료 셔틀버스가 | the free shuttle

2 공항 셔틀버스가 | the airport shuttle

3 호텔 셔틀버스가 | the hotel shuttle

4 베네치안 호텔과 윈 호텔 사이를 운행하는 셔틀버스가 | the shuttle between Venetian and Wynn Hotel

뼈대 문장 8	**Does the shuttle leave every 10 minutes?**

셔틀버스가 10분마다 출발하나요?

'모든'의 뜻이 있는 every 뒤에 시간이나 기간을 뜻하는 말이 오면 '~마다, 매 ~마다'의 뜻이 됩니다.

1 매 시간마다 | every hour

2 15분마다 | every quarter* hour

3 30분마다 | every half hour

4 대략 30분마다 | every half hour or so**

*15분은 한 시간의 1/4이어서 quarter로 표현할 수도 있어요.   **or so: ~ 가량, ~ 쯤

실전 회화

실제 택시나 정류장에서의 대화는 어떻게 이뤄질까요? 알아듣는 게 중요한 문장과 말하는 게 중요한 문장에 주의하면서 들어 보세요.

Dialog 1 택시 출발 전 기사에게 이런저런 질문하기

안녕하세요. 여기서 홀리데이인 호텔로 가려고요.
Hi, I'd like to go to the Holiday Inn Hotel from here.

택시 기사: 홀리데이인 호텔이요?
DRIVER: Holiday Inn Hotel?

네. 여기서 얼마나 걸릴까요?
Yes, please. How long do you think it's going to take from here?

택시 기사: 여기서 아주 가까워요. 최대로 잡아서 10분 정도 걸릴 겁니다.
DRIVER: It's very close from here. It will take maximum 10 minutes.

요금은 얼마나 나올까요?
Do you know how much it will be?

택시 기사: 10달러 정도일 겁니다.
DRIVER: Around 10 dollars.

그렇군요.
I see.

택시 기사: 자, 그럼 이제 출발합니다. 좌석벨트 꼭 매세요.
DRIVER: Okay, we will get going now. Please make sure you put your seatbelt on.

네. 지금 바로 매겠습니다.
Okay. I will do that right now.

How long ~?: 얼마나 오래 ~? **close:** 가까운
maximum: 최대한 **around:** ~ 정도의, ~ 쯤
get going: 출발하다 **Make sure ~:** 반드시 ~해라.
right now: 지금 바로

UNIT 3 택시와 무료 셔틀버스로 호텔 찾아가기

Dialog 2 공항 셔틀버스 정거장에서 무료 셔틀버스 타기

저, 셔틀버스 정류장을 찾고 있는데, 도와주시겠어요?
Hi. I am looking for the shuttle bus stops. Could you help me please?

행인: 그러죠. 정류장이 실제 그리 멀지 않아요. 저기 저 모퉁이를 돌아서 그냥 쭉 가세요.
PASSER-BY: Sure. You are actually not too far away from the stops. Just turn around that corner over there, and keep going straight.

그래요?
Is that it?

행인: 네. 왼쪽으로 셔틀버스들이 많이 주차돼 있는 게 보일 거예요.
PASSER-BY: Yes. On your left, you will be able to see lots of parked shuttle buses.

고맙습니다.
Thank you so much.

(잠시 후에) 실례합니다. 이 줄이 하얏트 리젠시 호텔로 가는 셔틀버스 줄인지 확인 좀 하려고요.
(A minute later) **Excuse me! I just want to make sure if this line is for the shuttle bus to Hyatt Regency Hotel.**

행인: 맞게 줄 서셨네요! 저도 그 버스 기다리는 중이에요.
PASSER-BY: You are standing on the correct line! I am also waiting for that bus.

고맙습니다. 혹시 요금이 얼마인지 아세요?
Thank you. Do you know the price by any chance?

행인: 제가 알기로는 공짜예요.
PASSER-BY: As far as I know, it is free.

그렇군요. 다시 한 번 고맙습니다.
I see. Thanks again.

---

be far away from ~: ~로부터 멀리 떨어져 있다
keep -ing: 계속 ~하다
by any chance: (의문문에서) 혹시
As far as I know: 내가 아는 한
free: 무료의

실전 말하기 훈련

많이 듣고 말해 본 사람이 실전에도 강합니다. 뼈대 문장 훈련으로 워밍업이 됐다면 실전 회화 속 주요 문장을 큰 소리로 말해 보세요.

안녕하세요. 여기서 홀리데이인 호텔로 가려고요.
Hi, I'd like to go to the Holiday Inn Hotel from here.

네. 여기서 얼마나 걸릴까요?
Yes, please. How long do you think it's going to take?

요금은 얼마나 나올까요?
Do you know how much it will be?

자, 그럼 이제 출발합니다. 좌석벨트 꼭 매세요.
Okay, we will get going now. Please make sure you put your seatbelt on.

네. 지금 바로 하겠습니다.
Okay. I will do that right now.

저, 셔틀버스 정류장을 찾고 있는데, 좀 도와주시겠어요?
Hi. I am looking for the shuttle bus stops. Could you help me please?

그러죠. 정류장이 실제 그리 멀지 않아요. 저기 저 모퉁이를 돌아서 그냥 쭉 가세요.
Sure. You are actually not too far away from the stops. Just turn around that corner over there, and keep going straight.

실례합니다. 이 줄이 하얏트 리젠시 호텔로 가는 셔틀버스 줄이 맞는지 확인 좀 하려고요.
Excuse me! I just want to make sure if this line is for the shuttle bus to Hyatt Regency Hotel.

고맙습니다. 혹시 요금이 얼마인지 아세요?
Thank you. Do you know the price by any chance?

제가 알기로는 공짜예요.
As far as I know, it is free.

보고
바로 말하기

실제 상황에서는 우리말 문장과 동시에 영어가 떠올라야 해요. 우리말 문장을 보고 영어로 바로 말해 보세요.

- [ ] 셔틀버스 정류장을 찾고 있어요.
- [ ] 여기서 홀리데이인 호텔로 가려고요.
- [ ] 센트럴 파크로 가 주실래요?
- [ ] 센트럴 파크까지 가는데 가격이 얼마쯤 되죠?
- [ ] 10분 안에 거기로 데려다 줄 수 있어요?
- [ ] 이 줄이 힐튼 호텔 행 셔틀버스 줄인가요?

- [ ] 셔틀버스가 얼마나 자주 운행되나요?
- [ ] 셔틀버스가 10분마다 출발하나요?
- [ ] 여기서 얼마나 걸릴까요?
- [ ] 이 줄이 하얏트 리젠시 호텔로 가는 셔틀버스 줄인지 확인 좀 하려고요.

UNIT 4

택시와
유료 셔틀버스 이용하기

단어만 알아도 안심이 돼요.

실제 유료 셔틀버스 이용에서 꼭 알아야 하는 건 아래 단어만으로도 충분해요. 정확하게 말할 수 있게 발음을 듣고 따라 해 보세요.

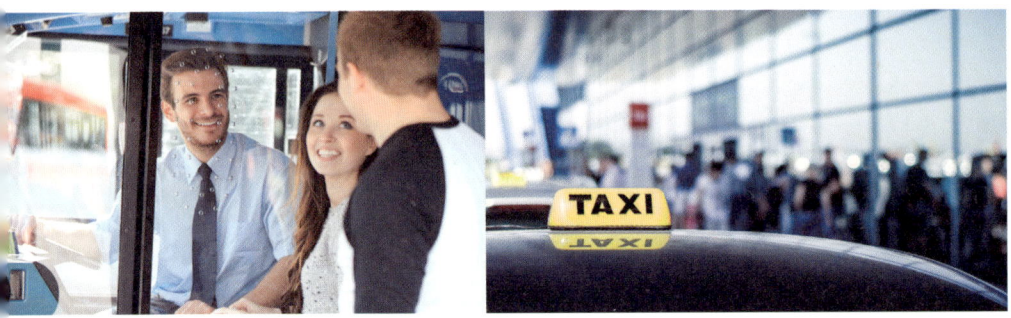

SINGLE WORDS

(영업용) 택시	cab[1]
손짓으로 부르다	hail
(택시) 미터기	meter
편도의	one-way
왕복의	round-trip
정류장	stop[2]
차를 세우다	pull over[3]
추가의	extra
운행 시간표	schedule
자판기	vending machine
출발하다	depart[4]
계산대, 판매대	counter

COMBO PHRASES

노란색 영업용 택시	yellow cab
손짓으로 택시를 부르다	hail a taxi
미터기를 사용하다	use the meter
편도 승차권	one-way ticket
왕복 승차권	round-trip ticket
종점	the last stop
여기 세워 주세요.	Pull over here, please.
짐 싣는 추가 요금	extra fee for the luggage
버스 운행 시간표	bus schedule
승차권 자판기	ticket vending machine
서울을 떠나 도쿄로 향하다	depart Seoul for Tokyo
승차권 판매소	ticket counter

---

1 구어체에서는 taxi보다 cab을 더 많이 써요.
2 stand라고 하기도 해요.
3 stop이라고 쓰지 않게 주의하세요. 달리다가 한쪽으로 차를 대서 세워야 하기 때문에 pull over라고 써야 합니다.
4 depart는 '~을 떠나 ...로 떠나다'의 뜻입니다.

뼈대 문장 익히기

여행에 필요한 뼈대 문장을 익혀 보아요. 머릿속에서만 맴돌던 영어 문장이 입에서 터져 나와요.

뼈대 문장 1 — I'll take the ride to the hotel.
호텔까지 타고 가겠습니다.

이 말은 주로 출발 전에 택시 기사와 예상 소요 시간, 요금에 관해 이야기를 나눈 후 '그럼 이 택시를 타고 가겠다'고 말할 때 쓰는 표현입니다.

다음 단어를 넣어 문장을 쓰고 말해 보세요.

1 컨벤션 센터까지 | the convention center ☐ ☐ ☐

2 센트럴 파크까지 | Central Park ☐ ☐ ☐

3 몬트리올 대학교까지 | Montreal University ☐ ☐ ☐

4 월 스트리트까지 | Wall Street ☐ ☐ ☐

take the ride: (탈 것을) 타다

뼈대 문장 2 — Do you know where the taxi stand is?
택시 승강장이 어디 있는지 아세요?

Where is the taxi stand?일 때는 주어와 동사의 위치가 바뀌어 나오지만, Do you know ~? 같은 말 뒤에 나올 때는 위치가 바뀌지 않는 것에 주의하세요. 다짜고짜 Where is ~?로 물어보는 것보다 이렇게 둘러서 물어보는 게 더 공손한 느낌을 줘요.

1 안내 데스크가 | the information desk ☐ ☐ ☐

2 셔틀버스 정류장이 | the shuttle bus stop ☐ ☐ ☐

3 승차권 판매소가 | the ticket counter ☐ ☐ ☐

4 승차권 자판기가 | a ticket vending machine ☐ ☐ ☐

UNIT 4 택시와 유료 셔틀버스 이용하기

뼈대 문장 3

I am going to 50 Main Street.

메인 스트리트 50번지로 가요.

택시 기사나 버스 기사가 도착지를 물을 때 이렇게 답하면 됩니다. 상황에 따라 '메인 스트리트 50번지로 가고 있어요'도 되지만 여기서는 위의 뜻으로 쓰입니다.

1 파크 대로로 | Park Boulevard

2 파크 대로 3147번지로 | 3147 Park Boulevard

3 스미소니언 박물관으로 | the Smithsonian Museum

4 제퍼슨 드라이브에 있는 스미소니언 박물관으로 | the Smithsonian Museum in Jefferson Drive

뼈대 문장 4

How long will it take to the Hilton Hotel?

힐튼 호텔까지 얼마나 걸릴까요?

시간이 얼마나 걸릴지 궁금할 때는 How long will it take to ~?를 기억하세요. to 다음에 장소 명사가 나오면 그 장소까지 가는 데 얼마나 걸리냐는 의미고요, 동사원형이 나오면 어떤 행위를 하는 데 얼마나 걸리냐는 의미입니다.

1 힐튼 호텔까지 택시로 | to the Hilton Hotel by taxi

2 힐튼 호텔까지 셔틀버스로 | to the Hilton Hotel by shuttle

3 여기서 힐튼 호텔까지 | to the Hilton Hotel from here

4 공항에서 힐튼 호텔까지 | to the Hilton Hotel from the airport

뼈대 문장 5

It will take about 20 minutes.

20분쯤 걸릴 거예요.

이 문장은 택시 기사나 버스 기사한테서 주로 듣는 말이겠네요. 〈It takes+시간〉은 '시간이 ~ 걸리다'의 뜻이에요. 이때의 it은 '그것'이 아니라, 시간을 나타내는 문장에서 주어 자리에 그냥 써 주는 it이랍니다.

1 10분 넘게 | more than 10 minutes ☐ ☐ ☐

2 10분 채 안 되게 | less than 10 minutes ☐ ☐ ☐

3 10분 아니면 좀 덜 | 10 minutes or less ☐ ☐ ☐

4 오래 | long ☐ ☐ ☐

뼈대 문장 6

Can you recommend any good restaurant?

괜찮은 식당 아무 곳이나 추천해 주실래요?

현지인에게 뭔가 추천받고 싶을 때 쓸 수 있어요. 이때 any를 붙이면 '좋기만 하다면 아무 곳이나 상관없다'의 뜻을 더합니다.

1 괜찮은 이탈리아 식당 | good Italian restaurant ☐ ☐ ☐

2 괜찮은 일식집 | good Japanese restaurant ☐ ☐ ☐

3 괜찮은 스테이크 전문 식당 | good steak restaurant ☐ ☐ ☐

4 시내에 있는 괜찮은 스테이크 전문 식당 | good steak restaurant downtown ☐ ☐ ☐

UNIT 4 택시와 유료 셔틀버스 이용하기

뼈대 문장 7

Does the shuttle go directly to the Sandman Hotel? 셔틀버스는 샌드맨 호텔로 곧바로 가나요?

셔틀버스 중에는 목적지까지 곧바로 가는 게 있고, 여러 곳을 들러 가는 것이 있습니다. 곧바로 가는 것인지 궁금할 때 물어보세요. directly가 '곧바로'의 뜻입니다.

1 시내에 있는 샌드맨 호텔로 | the Sandman Hotel downtown ☐ ☐ ☐

2 밴쿠버 시내에 있는 샌드맨 호텔로 | the Sandman Hotel in downtown Vancouver* ☐ ☐ ☐

3 메이플 스트리트에 있는 샌드맨 호텔로 | the Sandman Hotel in Maple Street ☐ ☐ ☐

4 웨스트 애비뉴에 있는 샌드맨 호텔로 | the Sandman Hotel in West Avenue ☐ ☐ ☐

*'밴쿠버 시내'는 Vancouver downtown이 아니라 downtown Vancouver로 표현합니다.

뼈대 문장 8

I don't know how to get to the MGM hotel. 엠지엠 호텔에 어떻게 가는지 모르겠어요.

〈how to+동사원형〉은 '~하는 법'의 뜻이에요. 직역하면 '엠지엠 호텔에 가는 법을 몰라요'이지만, 어떻게 가야 할지 잘 모르니 길을 좀 알려달라는 의미입니다.

1 거기에 | there* ☐ ☐ ☐

2 메이시 백화점에 | to Macy's ☐ ☐ ☐

3 스탠튼 아일랜드에 | to Stanton Island ☐ ☐ ☐

4 록펠러 타워에 | to Rockefeller Tower ☐ ☐ ☐

*there 안에 to의 의미가 들어 있기 때문에 how to get to there라고 쓰지 않습니다.

실전 회화

실제 택시 승차 전 기사와의 대화는 어떻게 이뤄질까요? 알아듣는 게 중요한 문장과 말하는 게 중요한 문장에 주의하면서 들어 보세요.

Dialog 1   택시 승차 전 요금과 팁에 관해 기사와 이야기하기

- 저기요, 베스트 웨스턴 호텔로 가려는데, 요금이 얼마나 될까요?
  Excuse me. I want to go to the Best Western Hotel. How much will it cost?

  - 택시 기사: 11달러쯤 될 거예요.
    DRIVER: It'll be around 11 dollars.

- 시간이 얼마나 걸릴까요?
  How long will it take?

  - 택시 기사: 10분쯤 걸릴 건데 교통 사정에 따라 달라요.
    DRIVER: It will take about 10 minutes, depending on traffic.

- 짐 싣는 데 추가 요금이 있나요?
  Is there any extra fee for the luggage?

  - 택시 기사: 가방 하나당 3달러예요.
    DRIVER: It will be 3 dollars per bag.

- 하나만 더 물어볼게요. 제가 한국에서 왔는데, 팁 주는 데 익숙하지가 않아서요.
  One more question. I am from Korea, so I'm not familiar with tipping.

  - 택시 기사: 보통은 요금의 10에서 15퍼센트를 팁으로 줘요.
    DRIVER: People usually tip between 10 to 15 percent of the fare.

- 네, 그렇군요. 그럼 호텔까지 타고 가죠.
  Alright. I see. Yeah, I'll take the ride to the hotel.

  - 택시 기사: 얼른 타세요.
    DRIVER: Hop in!

---

depend on: ~에 달려 있다(상황에 따라 다르다)
per: ~당, ~마다
tip: 팁, 팁을 주다
fare: 택시나 버스의 요금
hop in: 자동차에 올라타다

UNIT 4 택시와 유료 셔틀버스 이용하기

Dialog 2 공항 셔틀버스 매표소에서 승차권 구입하기

저기요, 엠지엠 그랜드 호텔로 가려고 하는데, 거기에 어떻게 가는지를 몰라서요.
Excuse me. I would like to go to the MGM Grand Hotel, but I don't know how to get there.

행인: 택시 타실 거예요, 셔틀버스 타실 거예요?
PASSER-BY: Do you want to take a taxi or shuttle?

셔틀버스 타려고요.
I'd like to take a shuttle, please.

행인: 네, 그럼 '듀스(Deuce)'라고 쓰인 창구에 가서 물어보세요.
PASSER-BY: Okay. You can enquire at the booth that says Deuce.

알겠습니다. 감사합니다.
Okay, thanks!

(At the shuttle booth)

창구 직원: 어서 오세요. 뭐 드릴까요?
CASHIER: Hello, how can I help you?

엠지엠 그랜드 호텔로 가는 표 한 장 사려고요.
I would like to buy a ticket to the MGM Grand Hotel.

창구 직원: 네. 편도요, 왕복이요?
CASHIER: Sure. Is it a one-way or round trip?

요금이 얼마씩인데요?
How much are they?

창구 직원: 편도는 7달러고, 왕복은 13달러예요.
CASHIER: One way is 7 dollars and round trip is 13 dollars.

왕복표로 할게요.
I will take a round trip, please.

창구 직원: 돌아오는 날이 언제죠?
CASHIER: Which day will you return?

이달 20일이요.
On the twentieth of this month, please.

---

take+교통수단: 교통수단을 타다, 이용하다   **enquire:** 묻다, 문의하다   **say:** (간판 등에) 쓰여 있다

많이 듣고 말해 본 사람이 실전에도 강합니다. 뼈대 문장 훈련으로 워밍업이 됐다면 실전 회화 속 주요 문장을 큰 소리로 말해 보세요.

실례합니다. 베스트 웨스턴 호텔로 가려는데, 요금이 얼마나 될까요?
Excuse me. I want to go to the Best Western Hotel. How much will it cost?

시간은 얼마나 걸릴까요?
How long will it take?

짐 싣는 데 추가 요금이 있나요?
Is there any extra fee for the luggage?

하나만 더 물어볼게요. 제가 한국에서 왔는데, 팁 주는 데 익숙하지가 않아서요.
One more question. I am from Korea, so I'm not familiar with tipping.

네, 그렇군요. 그럼 호텔까지 타고 가죠.
Alright. I see. Yeah, I'll take the ride to the hotel.

엠지엠 그랜드 호텔로 가려고 하는데, 어떻게 가는지를 몰라서요.
I would like to go to the MGM Grand Hotel, but I don't know how to get there.

셔틀버스를 타려고요.
I'd like to take a shuttle, please.

'듀스(Deuce)'라고 쓰인 창구에 가서 물어보세요.
You can enquire at the booth that says Deuce.

엠지엠 그랜드 호텔로 가는 표 한 장 사려고요.
I would like to buy a ticket to the MGM Grand Hotel.

요금이 얼마씩인데요?
How much are they?

왕복표로 할게요.
I will take a round trip, please.

이달 20일요.
On the twentieth of this month, please.

UNIT 4 택시와 유료 셔틀버스 이용하기

보고
바로 말하기

실제 상황에서는 우리말 문장과 동시에 영어가 떠올라야 해요. 우리말 문장을 보고 영어로 바로 말해 보세요.

- ☐ 호텔까지 타고 가겠습니다.
- ☐ 택시 승강장이 어디 있는지 아세요?
- ☐ 메인 스트리트 50번지로 가요.
- ☐ 힐튼 호텔까지 얼마나 걸릴까요?
- ☐ 20분쯤 걸릴 거예요.
- ☐ 괜찮은 식당 아무 곳이나 추천해 주실래요?

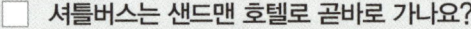

- ☐ 셔틀버스는 샌드맨 호텔로 곧바로 가나요?
- ☐ 엠지엠 호텔에 어떻게 가는지 모르겠어요.
- ☐ 짐 싣는 데 추가 요금이 있나요?
- ☐ 제가 한국에서 왔는데, 팁 주는 데 익숙하지가 않아서요.
- ☐ 셔틀버스 타려고요.
- ☐ 엠지엠 그랜드 호텔로 가는 표 한 장 사려고요.

UNIT 5

호텔
체크인 · 체크아웃 하기

단어만 알아도 안심이 돼요.

실제 호텔 체크인, 체크아웃 상황에서 꼭 알아야 하는 건 아래 단어만으로도 충분해요. 정확하게 말할 수 있게 발음을 듣고 따라 해 보세요.

SINGLE WORDS

예약	reservation
예약하다	book/reserve
호텔 프런트	reception
문서 양식	form
요금	rate
신분증	ID[3]
영수증	receipt
비우다	empty
(출)입구, 문	entrance
객실 정돈하는 여자	maid
조식	breakfast

COMBO PHRASES

예약하다	have a reservation
방을 예약하다	book/reserve a room
호텔 프런트 데스크	reception desk[1]
문서 양식을 기입하다	fill out the form
객실 요금	room rate[2]
사진이 있는 신분증	photo ID
영수증을 요구하다	ask for a receipt
방을 비우다	empty[4] a room
정문	the main entrance
청소 서비스	maid service
조식 제공	Breakfast is served.

1 손님을 맞아들인다는 뜻이라 reception desk를 씁니다.
2 청구되는 금액을 나타낼 때는 rate를 써요.
3 ID는 identification의 약어예요.
4 empty가 동사로 쓰이면 '차 있던 것을 비우다'의 뜻이 돼요.

뼈대 문장 익히기

여행에 필요한 뼈대 문장을 익혀 보아요. 머릿속에서만 맴돌던 영어 문장이 입에서 터져 나와요.

뼈대 문장 1

I have a reservation for today.
오늘로 예약을 했는데요.

호텔이나 식당 등에서 예약했다고 말할 때 씁니다. 예약한 것은 과거지만 현재 예약 리스트에 올라 있는 상황이므로 이렇게 현재 시제로 표현합니다.

다음 단어를 넣어 문장을 쓰고 말해 보세요.

1 오늘 하루만으로 | for today only ☐ ☐ ☐

2 월요일에서 목요일까지로 | from Monday through Thursday ☐ ☐ ☐

3 사흘 동안으로 | for three days ☐ ☐ ☐

4 오늘부터 사흘 동안으로 | for three days from today ☐ ☐ ☐

뼈대 문장 2

I booked a room here for two days from today.
오늘부터 이틀 동안 여기서 묵을 방을 하나 예약했어요.

요즘 예약 없이 어디를 간다는 건 상상도 할 수 없습니다. 호텔이나 유스호스텔 등 숙박업소에서 반드시 써야 할 필수 표현입니다. '예약하다'로 동사 book을 쓰면 간단하게 표현 가능합니다.

1 싱글베드 룸을 하나 | a single room ☐ ☐ ☐

2 더블베드 룸을 하나 | a double room ☐ ☐ ☐

3 싱글베드가 두 개 있는 룸을 하나 | a twin room ☐ ☐ ☐

4 더블베드가 두 개 있는 룸을 하나 | a double-double room ☐ ☐ ☐

뼈대 문장 3

How much is a single room for one night?

싱글베드 룸은 하룻밤에 얼마인가요?

온라인 예약을 하고 간 게 아니라 바로 들어가서 방이 있는지, 가격이 얼마인지 물어볼 때 유용하게 쓸 수 있는 표현이에요.

1 더블베드 룸은 | a double room

2 싱글베드가 두 개 있는 룸은 | a twin room

3 스위트룸은 | a suite*

4 주니어 스위트룸은 | a junior suite*

*스위트룸은 연결된 몇 개의 방으로 이뤄진 것이고, 주니어 스위트룸은 큰 객실에 응접실과 침실 및 가구가 구비되어 있으며 칸막이로 구분돼 있어요.

뼈대 문장 4

I'd like a room with a view.

전망이 좋은 방으로 주세요.

I'd like는 원래 '~을 원하다'의 뜻이에요. 호텔이나 상점에서 이렇게 I'd like ~를 쓰면 뒤의 ~ 자리에 나오는 것을 달라는 뜻이 됩니다.

1 바다 전망이 있는 방으로 | a room with an ocean view*

2 호수 전망이 있는 방으로 | a room with a lake view

3 건물 앞쪽 방향의 방으로 | a front-facing room

4 건물 뒤쪽 방향의 방으로 | a rear-facing room

*view는 '전망'의 뜻으로 앞에 경치나 풍경 관련 단어를 쓰면 '○○가 보이는 전망'의 뜻이 됩니다.

뼈대 문장 5 — I'd like to check out.
체크아웃 하려고 해요.

《I'd like to+동사원형》은 쓰임새가 참 다양합니다.
'~하고 싶다'는 기본 의미 외에 상황에 따라서 자신이 지금 하려는 행동을 상대방에게 설명할 때도 쓰입니다.

1 오전 10시에 체크아웃 하려고 | check out at 10 a.m. ☐ ☐ ☐

2 늦게 체크아웃 하려고 | have a late check-out ☐ ☐ ☐

3 방을 바꾸려고 | change my room ☐ ☐ ☐

4 2박 더 연장하려고 | extend my stay for two nights ☐ ☐ ☐

뼈대 문장 6 — Is there any fee for local calls?
시내 통화를 하는데 요금을 내야 하나요?

fee는 서비스에 지불하는 요금을 나타내요.
이 표현은 어떤 서비스에 요금을 내야 하는지(즉, 요금이 있는지) 궁금할 때 쓰면 됩니다.

1 시외 통화하는 데 | long-distance calls ☐ ☐ ☐

2 국제 전화하는 데 | international calls ☐ ☐ ☐

3 복사하는 데 | photocopying ☐ ☐ ☐

4 인쇄물 출력하는 데 | printing ☐ ☐ ☐

UNIT 5 호텔 체크인 · 체크아웃 하기

뼈대 문장 7

Do you take traveler's checks?
여행자 수표도 받나요?

take는 여러 뜻이 있지만, 여기서는 결제 수단 등을 '받다, 받아들이다'의 뜻으로 쓰여요.

1 아메리칸 익스프레스 여행자 수표도 | American Express traveler's checks

2 마스터 카드도 | Master Card

3 비자도 | Visa

4 유로도 | Euros

뼈대 문장 8

I need to be at the airport by 4 p.m.
제가 오후 4시까지 공항에 도착해야 해요.

〈I need to+동사원형〉은 내가 (앞으로) 해야 할 일을 말할 때 쓸 수 있어요.

1 오전 10시까지 | by 10 a.m.

2 정오까지 | by noon

3 3시 30분에 | at 3:30

4 정각 3시에 | exactly at 3*

*'정각 00시에'는 **at 3 sharp**처럼 시각 뒤에 **sharp**를 써서 표현할 수도 있어요.

실전 회화

실제 호텔 프런트 데스크에서의 대화는 어떻게 이뤄질까요? 알아듣는 게 중요한 문장과 말하는 게 중요한 문장에 주의하면서 들어 보세요.

Dialog 1 호텔 프런트 데스크에서 예약 확인 후 체크인 하기

프런트 직원: 어서 오십시오. 뭘 도와드릴까요?
RECEPTIONIST: Welcome! How may I help you?

안녕하세요, 오늘부터 이틀 동안 여기서 묵을 방을 하나 예약했는데요.
Hi, I booked a room here for two days from today.

프런트 직원: 고객님 성함으로 방을 예약하셨나요?
RECEPTIONIST: Did you book the room under your name?

네.
Yes, I did.

프런트 직원: 사진이 있는 신분증과 신용카드 좀 보여 주시겠습니까?
RECEPTIONIST: Can I see your photo ID and credit card, sir?

여기 있습니다.
Here you go.

프런트 직원: 예. 고객님 성함으로 이틀 동안 방이 예약돼 있네요. 싱글베드 두 개 있는 방으로 예약하셨죠?
RECEPTIONIST: Yes, we do have one room reserved under your name for two days. Did you book a room with two single beds?

네.
Yes, I did.

프런트 직원: 좋습니다. 여기 방 열쇠입니다. 체크아웃 당일 오전 11시까지 방을 비워 주시면 됩니다.
RECEPTIONIST: Great. Here are the room keys. Your room should also be emptied by 11 a.m. on the day you check-out.

알겠습니다. 감사합니다.
Got it. Thank you.

프런트 직원: 좋은 시간 보내십시오. 혹시 궁금한 것 있으시면 언제든지 들르시거나 방에서 0번을 눌러 주세요.
RECEPTIONIST: Enjoy your time here. If you have any questions, please feel free to stop by or just dial '0' from your room.

under one's name: ㅇㅇ의 이름으로
feel free to+동사원형: 거리낌 없이 ~하다

UNIT 5 호텔 체크인·체크아웃 하기   57

Dialog 2 호텔 프런트 데스크에서 체크아웃하기

여기 방 열쇠요.
Here are the room keys.

> 프런트 직원: 감사합니다. 지내시기 어떠셨습니까?
> RECEPTIONIST: Thank you. How was your stay here with us?

아주 좋았어요. 아침 식사가 정말 맛있었어요.
It was awesome! I really enjoyed your breakfast.

> 프런트 직원: 그러시다니 기쁩니다. 제가 또 도와드릴 건 없습니까?
> RECEPTIONIST: I am glad to hear that. Is there anything else I can help you with?

제가 공항에 오후 4시까지 가야 하거든요. 공항으로 가는 셔틀버스가 있죠?
I need to be at the airport by 4 p.m. There is a shuttle bus that will take me to the airport, right?

> 프런트 직원: 네, 공항 셔틀버스가 있습니다. 무료이고, 오후 10시까지 10분마다 운행합니다.
> RECEPTIONIST: Yes, we do have an airport shuttle bus. It is free and the bus runs every 10 minutes until 10 p.m.

여기서 공항까지 얼마나 걸리나요?
How long will it take from here to the airport?

> 프런트 직원: 한 10분쯤 걸릴 겁니다. 여기서 아주 가깝습니다.
> RECEPTIONIST: It will take about 10 minutes. It's quite close from here.

그렇군요. 어디서 버스를 타면 되죠?
I see. Where can I catch the bus?

> 프런트 직원: 호텔 정문 오른편에 있습니다. 정문을 지나면 오른편으로 버스 정류장이 보일 거예요.
> RECEPTIONIST: It is on the right side of the main entrance. When you go through the entrance, you will be able to see the bus stop on your right side.

여러 가지로 고맙습니다!
Thanks a lot!

실전 말하기 훈련

많이 듣고 말해 본 사람이 실전에도 강합니다. 뼈대 문장 훈련으로 워밍업이 됐다면 실전 회화 속 주요 문장을 큰 소리로 말해 보세요.

안녕하세요. 오늘부터 이틀 동안 여기서 묵을 방을 하나 예약했는데요.
Hi, I booked a room here for two days from today.
☐ ☐ ☐

고객님 성함으로 방을 예약하셨나요?
Did you book the room under your name?
☐ ☐ ☐

사진이 있는 신분증과 신용카드 좀 보여 주시겠습니까?
Can I see your photo ID and credit card, sir?
☐ ☐ ☐

예. 고객님 성함으로 이틀 동안 방이 예약돼 있네요. 싱글 베드 두 개 있는 방으로 예약하셨죠?
Yes, we do have one room reserved under your name for two days. Did you book a room with two single beds?
☐ ☐ ☐

좋습니다. 여기 방 열쇠입니다. 체크아웃 당일 오전 11시까지 방을 비워 주시면 됩니다.
Great. Here are the room keys. Your room should also be emptied by 11 a.m. on the day you check-out.
☐ ☐ ☐

좋은 시간 보내십시오. 혹시 궁금한 것 있으시면 언제든지 들르시거나 방에서 0번을 눌러 주세요.
Enjoy your time here. If you have any questions, please feel free to stop by or just dial '0' from your room.
☐ ☐ ☐

아주 좋았어요! 아침 식사가 정말 맛있었어요.
It was awesome! I really enjoyed your breakfast.
☐ ☐ ☐

제가 공항에 오후 4시까지 가야 하거든요. 공항으로 가는 셔틀버스가 있죠?
I need to be at the airport by 4 p.m. There is a shuttle bus that will take me to the airport, right?
☐ ☐ ☐

여기서 공항까지 얼마나 걸리나요?
How long will it take from here to the airport?
☐ ☐ ☐

그렇군요. 어디서 버스를 타면 되죠?
I see. Where can I catch the bus?
☐ ☐ ☐

호텔 정문 오른편에 있습니다. 정문을 지나면 오른편으로 버스 정류장이 보일 거예요.
It is on the right side of the main entrance. When you go through the entrance, you will be able to see the bus stop on your right side.
☐ ☐ ☐

UNIT 5 호텔 체크인·체크아웃 하기

보고
바로 말하기

실제 상황에서는 우리말 문장과 동시에 영어가 떠올라야 해요. 우리말 문장을 보고 영어로 바로 말해 보세요.

- ☐ 오늘로 예약을 했는데요.
- ☐ 오늘부터 이틀 동안 여기서 묵을 방을 하나 예약했어요.
- ☐ 싱글베드 룸은 하룻밤에 얼마인가요?
- ☐ 전망이 좋은 방으로 주세요.
- ☐ 체크아웃 하려고 해요.

- ☐ 시내 통화하는 데 요금을 내야 하나요?
- ☐ 여행자 수표도 받나요?
- ☐ 제가 오후 4시까지 공항에 도착해야 해요.
- ☐ 체크아웃 당일 오전 11시까지 방을 비워 주시면 됩니다.
- ☐ 아주 좋았어요. 아침 식사가 정말 맛있었어요.

- ☐ 공항으로 가는 셔틀버스가 있죠?
- ☐ 여기서 공항까지 얼마나 걸리나요?
- ☐ 어디서 버스를 타면 되죠?

UNIT 6

호텔 룸서비스 이용하기

단어만 알아도 안심이 돼요.

실제 호텔 룸서비스를 이용할 때 꼭 알아야 하는 건 아래 단어만으로도 충분해요. 정확하게 말할 수 있게 발음을 듣고 따라 해 보세요.

SINGLE WORDS

묵을 수 있는, 이용 가능한	available
확인하다	confirm
확인	confirmation
보증금	deposit
제공하다	offer
청구하다	charge
청구서	bill
유료(의)	paid
포함하다	include
신고하다	report
서명	signature

COMBO PHRASES

묵을 수 있는 방	room available[1]
방 예약을 확인하다	confirm one's room reservation
예약 확인 번호	one's confirmation number
보증금을 미리 지불하다	pay the deposit in advance
24시간 룸서비스를 제공하다	offer 24-hour room service
그건 제 방으로 청구해 주세요.	Charge it to my room, please.
미니바 사용 청구서	minibar bill
유료인가요, 무료인가요?	Is it paid or free?
아침 식사를 포함하다	include breakfast
열쇠 분실을 신고하다	report one's lost key
예약 서식에 서명이 필요하다	need a signature[2] on the reservation form

---

1 available은 특이하게 꾸며 주는 명사 뒤에 놓여요.
2 '서명'에 sign을 많이 쓰는데, 이건 '서명하다'의 동사이고, 명사인 '서명'은 signature라고 해야 해요.

뼈대 문장 익히기

여행에 필요한 뼈대 문장을 익혀 보아요. 머릿속에서만 맴돌던 영어 문장이 입에서 터져 나와요.

뼈대 문장 1

Do you have a room with twin beds?
싱글베드가 두 개 있는 방 있나요?

살다 보면 예약 없이 호텔에 가서 방이 있는지 물어봐야 할 때도 있습니다. '~이 있는지' 물어볼 때는, Is there ~?보다 Do you have ~?라고 하는 게 더 영어다운 표현입니다. 위의 문장에서 쓰인 with는 '~이 딸린, ~이 있는'의 뜻이에요.

다음 단어를 넣어 문장을 쓰고 말해 보세요.

1 2인용 침대가 | a double bed ☐ ☐ ☐

2 2인용 침대와 소파 겸용 침대가 | a double bed and a sofa bed ☐ ☐ ☐

3 퀸 사이즈 침대가 | a queen size bed ☐ ☐ ☐

4 킹 사이즈 침대와 아기 침대가 | a king size bed and a crib* ☐ ☐ ☐

*아기 침대는 **baby bed**가 아니라 **crib**이라고 합니다.

뼈대 문장 2

I'm calling from room 208.
208호실에서 전화 거는데요.

호텔 측에 요청 사항 등이 있어 전화를 걸 때는 가장 먼저 자신이 묵는 방 번호를 말해야 해요. 이때는 〈I'm calling from+방 번호〉를 쓰면 됩니다.

1 53호실에서 | room 53 ☐ ☐ ☐

2 301호실에서 | room 301* ☐ ☐ ☐

3 814호실에서 | room 814 ☐ ☐ ☐

4 2025호실에서 | room 2025 ☐ ☐ ☐

*방 번호는 세 자리 수일 경우 **three zero one (301)**으로, 네 자리인 경우 **twenty twenty-five (2025)**처럼 두 자리씩 끊어서 읽기도 합니다.

UNIT 6 호텔 룸서비스 이용하기

뼈대 문장 3

I'd like to order English breakfast for room 402.
402호실로 영국식 아침 식사 주문할게요.

룸서비스 주문할 때는 I'd like to order라고 한 다음에 주문하고 싶은 것을 말하세요. 그리고 몇 호실로 가져다 달라는 것도 잊으면 안 되겠죠? '00호실로'는 〈for+방 번호〉로 말하면 됩니다.

1 유럽식 아침 식사 | continental breakfast*

2 미국식 아침 식사 | American breakfast

3 시금치와 버섯을 넣은 오믈렛 | spinach and mushroom omelet

4 그리스식 요거트를 곁들인 신선한 과일 샐러드 | fresh fruit salad with Greek yogurt

*영국식 아침 식사는 토스트와 계란 요리, 베이컨, 소시지 등을 포함하고, 지방 특산물을 이용하기도 해요. 반면에 유럽식 아침 식사는 빵, 커피, 주스로 가볍고 차가운 음식이 위주랍니다. 유럽식 아침 식사에 따뜻하게 조리된 감자, 계란, 육류 가공식품이 들어가면 미국식 아침 식사가 됩니다.

뼈대 문장 4

How would you like your egg?
계란은 어떻게 해드릴까요?

룸서비스로 음식을 시키면 다양한 요리법이 있는 음식일 경우, 반드시 이렇게 물어봅니다. How would you like your ~?는 통으로 '~는 어떻게 해드릴까요?'로 외워 주세요.

1 커피는 | coffee

2 스테이크는 | steak

3 햄버거는 | hamburger

4 토스트는 | toast

뼈대 문장 5

I'd like it sunny side up.
한 쪽만 프라이해 주세요.

계란은 사람마다 먹는 타입이 다 달라서 자신이 원하는 스타일을 정확하게 말해야 해요. 참고로 over easy는 앞뒤로 익힌 거고요, boiled egg는 삶은 계란입니다.

1 (커피) 진하게 | strong

2 (스테이크) 미디움 웰던으로 | medium well-done

3 (햄버거) 피클 빼고 | holding* the pickle

4 (토스트) 살짝 구워서 | light

*hold: (식당 등에서 음식을 주문할 때 특정 재료 등을) 빼다

뼈대 문장 6

I'd like to get fresh towels, please.
수건들을 새 걸로 주세요.

호텔처럼 내가 서비스를 받아야 하는 곳에서 '주세요'의 뜻으로 〈Please give me ~〉를 쓰지 않도록 하세요. 내가 ~을 갖고 싶다고 표현해서 상대방이 나한테 가져오게 하는 게 정확한 표현이에요.

1 침대 시트를 새 걸로 | fresh bed sheets

2 베개를 더 | more pillows

3 샤워할 때 머리에 쓰는 것을 | a shower cap

4 두루마리 화장지 하나 | a roll of toilet paper

뼈대 문장 7

The air conditioner doesn't work.
에어컨이 잘 안 돼요.

사람에게 work를 쓰면 일하는 거고요, 기계한테 work를 쓰면 '작동하다'의 뜻입니다.

1 텔레비전이 | The TV

2 변기가 | The toilet

3 수도꼭지가 | The faucet

4 방 열쇠가 | My room key

뼈대 문장 8

Do you offer free Wi-Fi?
와이파이를 무료로 제공하나요?

호텔 측에서 뭔가를 무료로 제공하는지 물어보고 싶을 때
Do you offer free ~?를 쓰면 돼요. 이때 give를 쓰지 않도록 하세요.

1 인터넷 접속 서비스를 | Internet access

2 공항 셔틀버스 서비스를 | airport shuttle

3 주차 도우미 서비스를 | valet service

4 모닝콜 서비스를 | wake-up call* service

*모닝콜은 콩글리시예요. 시간에 상관없이 정해진 시간에 깨워 주는 것은 **wake-up call**이라고 합니다.

실전 회화

실제 프런트 데스크와 객실 손님 간의 대화는 어떻게 이뤄질까요? 알아듣는 게 중요한 문장과 말하는 게 중요한 문장에 주의하면서 들어 보세요.

Dialog 1 호텔 프런트 데스크에서 빈 방 유무 확인하기

프런트 직원: 뭘 도와드릴까요?
RECEPTIONIST: How may I help you?

묵을 수 있는 방이 있나요? 죄송한데 제가 예약을 안 했어요.
Do you have a room available? I'm sorry I didn't make reservation.

프런트 직원: 일행이 몇 분이시죠?
RECEPTIONIST: How many people are in your group?

저희 두 명이에요. 더블베드 룸이 있나요? 하룻밤에 얼마죠?
There are two of us. Do you have a double bed? How much is it per night?

프런트 직원: 잠시만요. 예, 있습니다. 하룻밤에 90달러입니다. 가격에는 오전 6시에서 10시까지 제공되는 유럽식 아침 식사가 포함돼 있습니다. 며칠이나 묵으실 예정인가요?
RECEPTIONIST: Wait a while. Yeah, we have. It's 90 dollars per night, and it includes a continental breakfast starting at 6 a.m. till 10 a.m. How many nights will you be staying with us?

2박 3일 묵을 예정이에요. 체크아웃은 몇 시죠?
We'll be staying for three days and two nights. What time is check-out?

프런트 직원: 체크아웃 시간은 보통 오전 11시입니다. 체크인 하시겠습니까?
RECEPTIONIST: Check-out time is usually 11 a.m. Would you like to check in?

네, 하겠습니다.
Sure.

프런트 직원: 여권과 신용카드를 보여주시겠어요?
RECEPTIONIST: Could I have your passport and credit card?

여기 있습니다.
Here you go.

---

make reservation(s): 예약하다　　**two of us:** 우리 두 명
three days and two nights: 2박 3일(우리말과 순서가 다른 점에 유의)

Dialog 2 호텔 방에서 룸서비스로 아침 식사 주문하기

룸서비스: 안녕하십니까. 룸서비스입니다.
ROOM SERVICE: Good morning, room service.

안녕하세요. 403호실로 아침 식사 주문하려고요.
Good morning. I'd like to order breakfast for room 403.

룸서비스: 아침 식사로 뭘 드시겠어요?
ROOM SERVICE: What would you like for breakfast, sir?

팬케이크랑 소시지, 계란 주세요.
I'd like some pancakes, sausages and eggs, please.

룸서비스: 계란은 어떻게 해드릴까요?
ROOM SERVICE: How would you like your eggs?

계란은 한 쪽만 프라이해 주세요.
I'd like them sunny side up.

룸서비스: 베이컨도 같이 드릴까요?
ROOM SERVICE: Would you like some bacon with that?

네, 좋아요. 음료는 핫초코로 할게요.
Yeah, sure. For drinks, I'd like a hot chocolate.

룸서비스: 위에 생크림 얹어 드릴까요?
ROOM SERVICE: Would you like whipped cream on it?

아뇨, 됐습니다.
No thanks.

---

pancakes, sausages and eggs: 미국인들이 아침에 먹는 전형적인 식단
hot chocolate: 뜨거운 코코아 음료. cocoa는 흔히 코코아 가루를 뜻한다.

묵을 수 있는 방이 있나요? 죄송한데 제가 예약을 안 했어요.
Do you have a room available? I'm sorry I didn't make reservation.

저희 두 명이에요. 더블베드 룸이 있나요? 하룻밤에 얼마죠?
There are two of us. Do you have a double bed? How much is it per night?

2박3일 묵을 예정이에요. 체크아웃은 몇 시죠?
We'll be staying for three days and two nights. What time is check-out?

여기 있습니다.
Here you go.

안녕하세요. 403호실로 아침 식사 주문하려고요.
Good morning. I'd like to order breakfast for room 403.

팬케이크랑 소시지, 계란 주세요.
I'd like some pancakes, sausages and eggs, please.

계란은 한 쪽만 프라이해 주세요.
I'd like them sunny side up.

네, 좋아요. 음료는 핫초코로 할게요.
Yeah, sure. For drinks, I'd like a hot chocolate.

아뇨, 됐습니다.
No thanks.

보고 바로 말하기

실제 상황에서는 우리말 문장과 동시에 영어가 떠올라야 해요. 우리말 문장을 보고 영어로 바로 말해 보세요.

- [ ] 싱글베드가 두 개 있는 방 있나요?
- [ ] 208호실에서 전화 거는데요.
- [ ] 402호실로 영국식 아침 식사 주문할게요.
- [ ] 계란은 어떻게 해드릴까요?
- [ ] 한 쪽만 프라이해 주세요.

- [ ] 수건을 새 걸로 주세요.
- [ ] 에어컨이 잘 안 돼요.
- [ ] 와이파이를 무료로 제공하나요?
- [ ] 묵을 수 있는 방이 있나요? 죄송한데 제가 예약을 안 했어요.
- [ ] 2박 3일 묵을 예정이에요. 체크아웃은 몇 시죠?

- [ ] 팬케이크랑 소시지, 계란 주세요.
- [ ] 음료는 핫초코로 할게요.

UNIT 7

예약한 렌터카를 찾아서
민박집(B&B)으로 향하기

단어만 알아도 안심이 돼요.

렌터카를 빌려 민박집을 찾아갈 때 꼭 알아야 하는 건 아래 단어만으로도 충분해요. 정확하게 말할 수 있게 발음을 듣고 따라 해 보세요.

SINGLE WORDS

차량	vehicle[1]
예약	reservation
내비게이션	GPS[2]
(자동차를) 찾다	pick up
(원래 자리로) 반환하다	return
(용기를) 가득 채우다	fill up
보험	insurance
면허증	license
(반환) 예정의	due
렌트하다	rent[4]

COMBO PHRASES

가족용 차량	family vehicle
예약하다	have a reservation
내비게이션이 요금에 포함되다	include a GPS unit within the rate
자동차를 찾다	pick up the car
휘발유를 가득 넣어 자동차를 반환하다	return the car with a full tank
휘발유 탱크를 가득 채우다	fill up the gas[3] tank
자동차 보험	car insurance
운전 면허증	driver's license
화요일 오후 6시에 반환할 예정이다	be due at 6 p.m. on Tuesday
자동차를 렌트하다	rent a car

1 vehicle은 바퀴와 엔진으로 굴러가는 모든 차량을 아우르는 단어예요.
2 내비게이션은 navigation이 아니라 GPS (global positioning system)이라고 해야 맞아요.
3 gas는 gasoline으로 '휘발유'예요. 참고로 '경유'는 diesel입니다.
4 차를 빌릴 때는 이 rent 동사를 쓰는 것에 주의하세요.

뼈대 문장 익히기

여행에 필요한 뼈대 문장을 익혀 보아요. 머릿속에서만 맴돌던 영어 문장이 입에서 터져 나와요.

뼈대 문장 1 | I need to go to North Vancouver.
노스 밴쿠버로 가려고 해요.

I need to go to ~는 직역하면 '내가 ~로 가야 한다'는 뜻이지만, 길을 물으면서 목적지로 가는 법을 알려달라고 할 때 많이 쓰입니다.

다음 단어를 넣어 문장을 쓰고 말해 보세요.

1 웨스트 밴쿠버로 | West Vancouver

2 예일 타운으로 | Yale Town

3 콜 하버로 | Coal Harbor

4 롭슨 스트리트로 | Robson Street

뼈대 문장 2 | Where is the car rental booth?
렌터카 카운터가 어디에 있죠?

카운터라서 counter를 쓸 것 같지만, 이때는 booth라고 표현합니다.

1 허츠 카운터가 | the Hertz booth

2 아비스 카운터가 | the Avis booth

3 엔터프라이즈 카운터가 | the Enterprise booth

4 버짓 카운터가 | the Budget booth

*모두 유명 렌터카 업체들이에요.

UNIT 7 예약한 렌터카를 찾아서 민박집(B&B)으로 향하기

뼈대 문장 3

I have a reservation for a compact car.

소형차를 예약했는데요.

have a reservation for ~는 '~을 위해 예약을 했다' 즉, '~을 이용하려고 예약을 했다'의 뜻이에요. 우리나라의 경차에 해당하는 말은 small car가 아니라 compact car입니다.

1 현대 소형차를 | a compact car from Hyundai

2 중형차를 | a midsize car

3 미니밴을 | a minivan

4 혼다 미니밴 | a minivan from Honda

*제조사를 밝히면서 차종을 말할 때는 차종 뒤에 〈from+자동차 회사명〉을 붙이면 됩니다.

뼈대 문장 4

I'd like to rent a car for 1 week.

1주일 동안 자동차를 렌트하고 싶어요.

이건 예약 없이 바로 렌터카 카운터에 들어가서 말할 때 쓸 수 있는 표현이에요. 자기가 바라는 걸 말할 때 I'd like to ~라고 하면 듣는 사람에게도 정중하게 들리고 좋아요.

1 3일 | 3 days

2 하루 | one day

3 딱 하루 | just a day

4 주말 | the weekend

뼈대 문장 5	**What types of vehicles do you have?**
	어떤 차량들이 있죠?

같은 카테고리 내에서의 다양한 유형을 알고 싶을 때 이 type을 쓰면 돼요. 그리고 '~이 있다'라고 할 때 동사 have를 쓰는 것도 꼭 알아두세요. 참고로 여기서 쓰인 what은 '어떤, 무슨'의 뜻으로 뒤에 오는 명사를 꾸며 주는 말입니다.

1　어떤 소형차들이 | What types of compact cars　　□ □ □

2　어떤 SUV 차들이 | What types of SUVs*　　□ □ □

3　어떤 모델들이 | What models　　□ □ □

4　어떤 사이즈들이 | What sizes　　□ □ □

*SUV: Sports Utility Vehicle (원래 거친 노면을 달릴 수 있도록 4륜구동으로 제작된 큰 승용차)

뼈대 문장 6	**Do you have any hybrid cars available?**
	하이브리드 차도 있나요?

available은 '이용 가능한'의 뜻인데, 특이하게도 자신이 꾸며 주는 단어 뒤에 놓여요. hybrid car는 휘발유와 전기 병용 자동차를 뜻하는 단어입니다.

1　가족용 차량도 | any family vehicles　　□ □ □

2　고급차도 | any luxury cars　　□ □ □

3　BMW도 | a BMW*　　□ □ □

4　렉서스도 | a Lexus　　□ □ □

*BMW나 Lexus 같은 고유명사에 a를 쓰면 (a BMW / a Lexus) 그 고유명사가 대표하는 것을 나타냅니다. 즉, BMW 자동차, Lexus 자동차를 뜻하죠.

UNIT 7　예약한 렌터카를 찾아서 민박집(B&B)으로 향하기

뼈대 문장 7

Does the car come with GPS?
자동차에 내비게이션도 있나요?

이 문장은 직역하면 '자동차가 내비게이션과 함께 오나요?'인데, 자동차에 내비게이션이 달려 있냐는 뜻입니다.

1 무료 내비게이션도 | GPS for free

2 어린이용 안전시트도 | a child safety seat

3 스키 캐리어도 | a ski rack*

4 DVD 플레이어도 | a DVD player

*ski rack은 자동차 위에 스키 장비를 얹고 가도록 장착해 놓은 것을 말해요.

뼈대 문장 8

I'll take a midsize car.
중형차로 할게요.

take에는 '고르다, 집다'의 뜻이 있습니다.

1 연비가 좋은 중형차로 | a midsize car with good mileage*

2 대형차로 | a full-size car

3 지붕이 열리는 차로 | a convertible car

4 도요타 캠리로 | a Toyota Camry

*mileage는 '주행거리'로 good mileage는 한번 기름을 넣고 달리는 주행거리가 좋다는 거니까 '연비가 좋음'을 뜻해요.

실전 회화

실제 행인에게 길을 묻거나 렌터카 카운터에서의 대화는 어떻게 이뤄질까요? 알아듣는 게 중요한 문장과 말하는 게 중요한 문장에 주의하면서 들어보세요.

Dialog 1 민박집으로 가는 교통수단 묻기

실례합니다. 노스 밴쿠버로 가려는데, 뭐가 제일 빠를까요?
Excuse me. I need to go to North Vancouver. What's the fastest way to get there?

행인: 노스 밴쿠버요? 주소가 어떻게 되는데요?
PASSER-BY: North Vancouver? What's the address?

윌리엄 애비뉴예요.
William Avenue please.

행인: 음, 택시를 타시는 게 좋겠네요.
PASSER-BY: Well, I'd recommend you to take a taxi.

얼마나 걸리나요?
How long is the drive?

행인: 한 45분쯤 걸릴 거예요.
PASSER-BY: It will take about 45 minutes.

고맙습니다.
Thanks.

---

recommend + A + to + 동사원형: A에게 ~하라고 추천하다

UNIT 7 예약한 렌터카를 찾아서 민박집(B&B)으로 향하기   **77**

Dialog 2 공항 렌터카 카운터에서 예약한 자동차 픽업하기

안녕하세요. 차를 예약했는데, 여기 제 예약 정보예요.
Hello. I have booked a car. Here is my reservation information.

렌터카 직원: 고맙습니다. 운전 면허증이랑 여권 좀 보여 주시겠어요?
AGENT: Thank you. Could I see your driver's license and passport, please?

여기 있습니다.
Here they are.

렌터카 직원: 내비게이션이 달린 소형차를 8일 동안 예약하셨네요. 차종은 포드 포커스고요.
AGENT: You've booked a compact car with GPS for 8 days. We have a Ford Focus for you.

맞습니다.
Right.

렌터카 직원: 보험을 추가로 드시겠어요? 이용하시는 차에 대한 모든 피해가 보장되고 하루에 15달러예요.
AGENT: Do you want extra insurance? It will cover any damage to your car. It is 15 dollars a day.

네. 들게요.
Okay. I will take it.

렌터카 직원: 신용카드는 뭘 사용하시겠어요?
AGENT: What credit card do you want to use?

비자요.
Visa.

렌터카 직원: 신용카드에 청구될 총 금액은 750달러입니다. 그리고 차는 우측 25번 칸에 있어요. 차에 어떤 손상이 있는지 한번 살펴보세요.
AGENT: The total charged to your card will be 750 dollars. And your car is in stall 25 on the right. Check the car for any damage.

그러죠. 감사합니다.
Okay. Thank you.

cover: (보험 등이) 보장하다   **stall:** 주차를 위해 줄을 쳐 놓은 곳

실전 말하기 훈련

많이 듣고 말해 본 사람이 실전에도 강합니다. 뼈대 문장 훈련으로 워밍업이 됐다면 실전 회화 속 주요 문장을 큰 소리로 말해 보세요.

실례합니다. 노스 밴쿠버로 가려고 하거든요.
Excuse me. I need to go to North Vancouver.

뭐가 제일 빠를까요?
What's the fastest way to get there?

택시를 타시는 게 좋겠네요.
I'd recommend you to take a taxi.

얼마나 걸리나요?
How long is the drive?

안녕하세요. 차를 예약했는데, 여기 제 예약 정보예요.
Hello. I have booked a car. Here is my reservation information.

내비게이션이 달린 소형차를 8일 동안 예약하셨네요. 차종은 포드 포커스고요.
You've booked a compact car with GPS for 8 days. We have a Ford Focus for you.

보험을 추가로 드시겠어요?
Do you want extra insurance?

이용하시는 차에 대한 모든 피해가 보장되고 하루에 15달러예요.
It will cover any damage to your car. It is 15 dollars a day.

네. 들게요.
Okay. I will take it.

신용카드에 청구될 총 금액은 750달러입니다.
The total charged to your card will be 750 dollars.

그리고 차는 우측 25번 칸에 있어요. 차에 어떤 손상이 있는지 한번 살펴보세요.
And your car is in stall 25 on the right. Check the car for any damage.

UNIT 7 예약한 렌터카를 찾아서 민박집(B&B)으로 향하기

보고
바로 말하기

실제 상황에서는 우리말 문장과 동시에 영어가 떠올라야 해요. 우리말 문장을 보고 영어로 바로 말해 보세요.

- ☐ 노스 밴쿠버로 가려고 해요.

- ☐ 렌터카 카운터가 어디에 있죠?

- ☐ 소형차를 예약했는데요.

- ☐ 1주일 동안 자동차를 렌트하고 싶어요.

- ☐ 어떤 차량들이 있죠?

- ☐ 하이브리드 차도 있나요?

- ☐ 자동차에 내비게이션도 있나요?

- ☐ 중형차로 할게요.

- ☐ 안녕하세요. 차를 예약했는데, 여기 제 예약 정보예요.

- ☐ 내비게이션이 달린 소형차를 8일 동안 예약하셨네요. 차종은 포드 포커스고요.

- ☐ 보험을 추가로 드시겠어요?
  이용하시는 차에 대한 모든 피해가 보장되고 하루에 15달러예요.

- ☐ 신용카드에 청구될 총 금액은 750달러입니다.

- ☐ 차에 어떤 손상이 있는지 한번 살펴보세요.

UNIT 8

민박집(B&B) 주인과
대화하며 친해지기

단어만 알아도 안심이 돼요.

실제 민박집에서 주인과 대화할 때 꼭 알아야 하는 건 아래 단어만으로도 충분해요. 정확하게 말할 수 있게 발음을 듣고 따라 해 보세요.

SINGLE WORDS

2층에	upstairs[1]
화장실	washroom[2]
아늑한	cozy
깔끔한	tidy
편안한	comfortable
소개하다	introduce
여가	leisure
가장 좋아하는	favorite
직업	occupation
종교	religion
농담	joke
~ 옆에 붙은	beside

COMBO PHRASES

2층에 있는 방	a room upstairs
공용 화장실	a shared washroom
아늑한 방	a cozy room
깔끔한 화장실	a tidy washroom
편한 잠자리	a comfortable bed[3]
당신을 소개하다	introduce yourself
여가 활동	leisure activities
당신이 가장 좋아하는 취미	your favorite hobby
당신의 직업	your occupation
당신의 종교	your religion
농담을 하다	tell a joke
부엌 옆의 방	a room beside the kitchen

[1] upstairs는 2층으로 된 건물에서 위층을 가리킬 때 씁니다. 아래층은 downstairs예요.
[2] washroom은 공공건물에서의 세면장 또는 화장실을 뜻합니다.
[3] bed는 '침대' 외에 '잠자리'의 뜻도 있어요.

뼈대 문장 익히기

여행에 필요한 뼈대 문장을 익혀 보아요. 머릿속에서만 맴돌던 영어 문장이 입에서 터져 나와요.

뼈대 문장 1

Hello, I'm happy to meet you.
안녕하세요, 만나서 반갑습니다.

처음 만날 때 이렇게 인사합니다. happy 대신 nice, glad 등을 쓸 수 있어요.

다음 단어를 넣어 문장을 쓰고 말해 보세요.

1 기쁘네요 | I'm glad

2 기분 좋네요 | I'm pleased

3 아주 기분 좋네요 | I'm very pleased

4 좋네요 | it's nice*

*nice는 사람의 기분을 나타낼 때 쓸 수 있는 말이 아니라서 그 앞에 I'm이 아니라 It's가 옵니다.

뼈대 문장 2

I booked this B&B online a week ago.
1주일 전에 인터넷으로 여기 민박집을 예약했어요.

예약한 곳에 가서는 누가 언제 어떻게 예약했는지 명확하게 말하세요. '인터넷으로'는 online으로 표현하면 됩니다.

1 지난 3월에 | last March

2 2주 전에 | a couple of weeks ago

3 제임스 리라는 이름으로 | under the name James Lee*

4 아내 이름으로 | under my wife's name

*○○의 이름으로'는 〈under+○○'s name〉 또는 〈under the name+이름〉으로 표현합니다.

UNIT 8 민박집(B&B) 주인과 대화하며 친해지기

뼈대 문장 3

What is this room for?
이 방은 용도가 뭐예요?

직역하면 '이 방은 무엇을 위해 있는 거예요?'입니다. 즉, 용도가 무언지 물어보는 거죠.

1 이 탁자는 | this table

2 이 열쇠는 | this key

3 이 공간은 | this space

4 이 드나들 수 있는 벽장은 | this walk-in* closet

*walk-in은 '크기가 커서 사람이 드나들 수 있는'의 뜻이에요.

뼈대 문장 4

Can I use the kitchen?
부엌 좀 사용해도 될까요?

Can I ~?는 뭔가 허가를 맡아야 할 때 쓸 수 있는 유용한 표현입니다.

1 전자레인지 | the microwave

2 토스터기 | the toaster

3 포크와 숟가락 | the forks and spoons

4 전기 주전자 | the electric kettle

한정된 공간 안에 있는 용품을 칭하기 때문에 a가 아니라 the를 쓴 것에 주의하세요.

뼈대 문장 5

The couch looks so comfy.
소파가 아주 편안해 보여요.

comfy는 comfortable과 같은 뜻으로 비격식체 문장에서 자주 쓰입니다.
look은 '~하게 보이다'로 뒤에 상태를 나타내는 형용사가 옵니다.

1 멋져 | great

2 아주 아늑해 | very cozy

3 아주 고급스러워 | so luxurious

4 세 사람이 앉기에는 너무 작아 | too small for 3 people

뼈대 문장 6

Have you been to Seoul?
서울에 와 본 적 있으세요?

처음 만난 외국인과 서로의 출신지를 묻고 그 다음에 할 수 있는 표현입니다.
이렇게 과거의 어떤 경험을 물을 때는 〈have+p.p.〉 형태를 씁니다.

1 서울 인사동에 | Insadong in Seoul

2 제주도에 | Jeju Island

3 한국에 | Korea

4 아시아 나라에 | any Asian countries

뼈대 문장 7

May I ask what your last name is?

성(姓)이 뭔지 여쭤봐도 될까요?

'○○가 뭐예요?'라고 대뜸 〈What is ~?〉라고 말하는 것 보다 앞에 May I ask를 붙이면 더 정중한 느낌을 줍니다.

1 취미가 | your hobby is ☐ ☐ ☐

2 가장 좋아하는 여가 활동이 | your favorite leisure activity is ☐ ☐ ☐

3 남편 직업이 | your husband's occupation is ☐ ☐ ☐

4 개인적인 관심사가 뭔지 | your personal interests are ☐ ☐ ☐

뼈대 문장 8

Are you interested in cooking?

요리에 관심 있으세요?

〈be interested in ~〉은 '~에 관심이/흥미가 있다'입니다. 처음 만난 외국인과 대화를 이어갈 때 활용하기 좋은 표현이죠.

1 아시아 음식에 | Asian food ☐ ☐ ☐

2 아시아 음식, 특히 한국 음식에 | Asian food, particularly Korean food ☐ ☐ ☐

3 요리 배우는 데 | learning to cook ☐ ☐ ☐

4 정원 가꾸는 데 | gardening ☐ ☐ ☐

Dialog 1 민박집 주인에게 집 안내 받기

안녕하세요? 1주일 전에 인터넷으로 이 민박집을 예약했는데요.
Hello, I booked this B&B online a week ago.

주인: 안녕하세요, 제임스 씨죠? 묵으실 곳을 한번 보시겠어요?
OWNER: Hello, you must be James? Would you like to see where you will enjoy your stay?

그러죠!
Sure!

주인: 따라 오세요. *(집 안에 들어서며)* 2층에 방이 두 개 있고, 방마다 더블베드가 있어요. 그리고 화장실은 부엌 바로 옆에 있어요.
OWNER: Follow me please! *(Entering the place)* There are two rooms upstairs and each room has a double bed. The washroom is right beside the kitchen.

알겠습니다. 부엌을 사용해도 될까요?
I see. Can we use the kitchen?

주인: 네, 그러세요. 접시는 쓰고 나서 닦아 주시면 정말 고맙겠어요.
OWNER: Yes. I would also really appreciate it if you wash the dishes after you use them.

그럴게요. 걱정하지 마세요.
I will! No worries.

주인: 아침 식사는 내일 아침 8시에 준비될 거예요. 괜찮으세요?
OWNER: Breakfast will be ready at 8 o'clock tomorrow morning. Is that okay?

물론이죠. 아침 식사로 뭐가 나오는지 여쭤봐도 될까요?
Of course! May I ask what we will have for breakfast?

주인: 신선한 과일을 곁들인 와플을 만들 거예요. 와플 좋아하세요?
OWNER: I will make waffles with fresh fruits. Do you like waffles?

네. 내일 아침 식사가 무척 기대되네요!
Yes! I am so excited for breakfast tomorrow!

Dialog 2   민박집 주인과 가볍게 대화하기

집주인: 마음에 드세요?
OWNER: Do you like the place?

네, 마음에 듭니다.
Yes, I do.

집주인: 어디서 오셨어요?
OWNER: Where are you from?

한국이요. 와 본 적 있으세요?
I'm from Korea. Have you been there?

집주인: 아뇨, 없어요. 하지만 꼭 방문해 보고 싶어요. 제 사촌이 거기 살고 있거든요.
OWNER: No, I haven't. But I would like to visit there. My cousin is living there.

어, 정말요? 사촌이 뭘 하시는데요?
Oh, really? What does your cousin do?

집주인: 서울에서 영어를 가르쳐요.
OWNER: He is teaching English in Seoul.

저도 서울에 사는데. 오시면 꼭 한번 들르세요.
I'm living there, too. You must come and visit us.

집주인: 제안해 주셔서 감사해요. 방문할 기회가 생기면 좋겠네요.
OWNER: Thanks for the offering. I hope I can get a chance to visit.

다시 꼭 뵙고 싶어요!
I hope to see you again!

집주인: 와, 정말 친절하시네요. 여기서는 얼마나 계실 계획이세요?
OWNER: Awww, that's really sweet of you. How long are you planning to stay here?

캐나다에서 말인가요? 2주 동안 있을 거예요.
You mean in Canada? I will stay for 2 weeks.

You must come and visit us. 강제가 아니라 강하게 권유할 때 이렇게 must를 쓰기도 합니다.

실전 말하기 훈련

많이 듣고 말해 본 사람이 실전에도 강합니다. 뼈대 문장 훈련으로 워밍업이 됐다면 실전 회화 속 주요 문장을 큰 소리로 말해 보세요.

안녕하세요? 1주일 전에 인터넷으로 이 민박집을 예약했는데요.
Hello, I booked this B&B online a week ago.

안녕하세요, 제임스 씨죠? 묵으실 곳을 한번 보시겠어요?
Hello, you must be James? Would you like to see where you will enjoy your stay?

알겠습니다. 부엌을 사용해도 될까요?
I see. Can we use the kitchen?

네, 그러세요. 접시는 쓰고 나서 닦아 주시면 정말 고맙겠어요.
Yes. I would also really appreciate it if you wash the dishes after you use them.

물론이죠. 아침 식사로 뭐가 나오는지 여쭤봐도 될까요?
Of course! May I ask what we will have for breakfast?

네. 내일 아침 식사가 무척 기대되네요!
Yes! I am so excited for breakfast tomorrow!

어디서 오셨어요?
Where are you from?

한국이요. 와 본 적 있으세요?
I'm from Korea. Have you been there?

어, 정말요? 사촌이 뭘 하시는데요?
Oh, really? What does your cousin do?

저도 서울에 사는데. 오시면 꼭 한번 들르세요.
I'm living there, too. You must come and visit us.

다시 꼭 뵙고 싶어요!
I hope to see you again!

와, 정말 친절하시네요. 여기서는 얼마나 계실 계획이세요?
Awww, that's really sweet of you. How long are you planning to stay here?

캐나다에서 말인가요? 2주 동안 있을 거예요.
You mean in Canada? I will stay for 2 weeks.

UNIT 8 민박집(B&B) 주인과 대화하며 친해지기

보고 바로 말하기

실제 상황에서는 우리말 문장과 동시에 영어가 떠올라야 해요. 우리말 문장을 보고 영어로 바로 말해 보세요.

- ☐ 안녕하세요, 만나서 반갑습니다.

- ☐ 1주일 전에 인터넷으로 여기 민박집을 예약했어요.

- ☐ 이 방은 용도가 뭐예요?

- ☐ 부엌 좀 사용해도 될까요?

- ☐ 소파가 아주 편안해 보여요.

- ☐ 서울에 와 본 적이 있으세요?

- ☐ 성(姓)이 뭔지 물어봐도 될까요?

- ☐ 요리에 관심 있으세요?

- ☐ 안녕하세요, 제임스 씨죠? 묵으실 곳을 한번 보시겠어요?

- ☐ 아침 식사로 뭐가 나오는지 여쭤 봐도 될까요?

- ☐ 저도 서울에 사는데. 오시면 꼭 한번 들르세요.

- ☐ 캐나다에서 말인가요? 2주 동안 있을 거예요.

UNIT 9

관광 안내소에서 지도 받고 대중교통 이용에 대해 묻기

단어만 알아도 안심이 돼요.

실제 관광 안내소와 대중교통 이용에 꼭 알아야 하는 건 아래 단어만으로도 충분해요. 정확하게 말할 수 있게 발음을 듣고 따라 해 보세요.

SINGLE WORDS

안내소	information center
관광객	tourist
여행	travel
관광	sightseeing[2]
지도	map
안내 책자	brochure
추천하다	recommend
숙박 시설	accommodation
교통편	transportation
지하철	subway
기후	climate

COMBO PHRASES

관광 안내소	tourist information center
관광명소	tourist attractions[1]
여행사	travel agency
즐거운 관광 여행	pleasant sightseeing tour
무료 지도를 집어 가다	pick up a free map
여행 안내 책자를 요청하다	request a travel brochure
인기 방문지들을 추천하다	recommend the popular places to visit
저렴한 숙박 시설	budget accommodation[3]
교통편을 구하다	arrange[4] transportation
지하철역	subway station
온화한 기후	mild climate

---

1 관광객(tourist)을 끌어당기는 곳(attraction)이니까 tourist attraction은 '관광명소'예요.
2 travel은 주로 장거리 여행에 쓰이고, sightseeing은 경치나 풍경 등의 전망 좋은 구경을 뜻해요.
3 예산(budget)에 맞는 숙박 시설이라는 뜻으로 '저렴한 숙박 시설'을 budget accommodation이라고 합니다.
4 이때의 '구하다'는 '마련하다'의 뜻이어서 arrange를 씁니다.

뼈대 문장 익히기

여행에 필요한 뼈대 문장을 익혀 보아요. 머릿속에서만 맴돌던 영어 문장이 입에서 터져 나와요.

뼈대 문장 1

Do you have a tourist map of San Francisco?
샌프란시스코 관광 안내 지도가 있나요?

여행 안내소에서 가장 먼저 얻어야 할 것은 바로 관광 안내 지도입니다. 자신이 원하는 지도가 있는지 물어보면서 대화를 시작하세요.

다음 단어를 넣어 문장을 쓰고 말해 보세요.

1 무료 로마 시내 지도가 | a free map of downtown Rome

2 암스테르담 거리 지도가 | a street map of Amsterdam

3 쇼와 행사에 관한 안내책자들이 | any brochures on shows and activities

4 파리의 주요 관광명소를 보여주는 지도가 | a map showing the main tourist attractions in Paris

뼈대 문장 2

I'm looking for information about public transportation.
대중교통편에 관한 정보를 찾고 있어요.

관광 안내소에서는 대중교통 이용이나 숙박 시설 등 다양한 것들을 물어볼 수 있어요. 뭔가를 찾고 있다고 할 때는 I'm looking for ~를 쓰세요.

1 바르셀로나 대중교통편 | public transportation in Barcelona

2 저렴한 숙박 시설 | budget accommodation

3 로스앤젤레스의 저렴한 숙박 시설 | budget accommodation in Los Angeles

4 마드리드의 인기 관광명소들 | Madrid's popular tourist attractions

UNIT 9 관광 안내소에서 지도 받고 대중교통 이용에 대해 묻기

뼈대 문장 3

I would like to know about the public transportation system here.

여기 대중교통 시스템에 대해 알고 싶어요.

I want to know ~ 대신 I would like to know ~를 쓰는 게 더 격식을 갖춘 느낌을 줍니다.

1 환승 버스 시스템 | the transit bus system

2 로스앤젤레스 시내 관광 | L.A. city tour

3 독특한 문화 체험 프로그램 | the unique cultural experience program

4 역사 문화 탐방 | the exploration of history and culture

뼈대 문장 4

I'm interested in local food.

지역 토속 음식에 관심이 있어요.

be interested in은 '~에 관심이 있다'의 뜻으로 이 말만 정확하게 할 수 있어도 많은 정보를 얻을 수 있어요.

1 이탈리아 요리에 | Italian cuisine

2 프랑스 요리에 | French cuisine

3 그리스 문화와 전통에 | Greek culture and traditions

4 전통 수공예품들에 | traditional handicrafts

뼈대 문장 5

What's the best way of getting around the city?
도시를 구경하며 돌아다니는 가장 좋은 방법이 뭐죠?

What's the best way of ~?는 '~하는 가장 좋은 방법은 무엇인가?'로 of 뒤에는 〈동사-ing〉나 〈명사〉가 옵니다. get around는 '돌아다니며 구경하다'예요.

1 런던을 | London

2 뉴욕 시를 | New York City

3 파리를 | Paris

4 로마를 | Rome

뼈대 문장 6

What's included in the city tour?
시내 관광에 무엇이 포함되나요?

include는 '~을 포함하다'고, be included는 '~이 포함되다'예요. 그래서 What's included in ~?은 '~에는 무엇이 포함되는가?'의 뜻이랍니다. 일정이나 요금 내역 안에 포함되는 것이 궁금할 때 물어볼 수 있어요.

1 반나절 관광에 | the half-day tour

2 커플들을 위한 관광에 | the tour for couples

3 버스 요금에 | the bus fare

4 입장료에 | the admission fee

UNIT 9 관광 안내소에서 지도 받고 대중교통 이용에 대해 묻기

뼈대 문장 7

Where can I find a convenience store?
편의점이 어디 있나요?

이제는 '~가 어디 있나요?'라고 물어보고 싶을 때 Where is ~?보다는 Where can I find ~?를 쓰는 습관을 들이세요. 굉장히 예의 바른 느낌을 준답니다.

1 식료품 가게가 | a grocery store

2 주류 판매점이 | a liquor store*

3 담뱃가게가 | a smoke shop

4 현금인출기가 | an ATM machine**

*liquor store는 '주류 판매점'으로 우리나라와 달리 외국에서는 주류 판매점에서만 술을 구입할 수 있어요.
**ATM은 automated teller machine의 약자입니다.

뼈대 문장 8

How far is it to the railway station?
기차역까지 거리가 얼마나 되나요?

거리를 물어볼 때는 다른 생각하지 말고 바로 〈How far is it to+목적지?〉라고 하면 됩니다. 거의 정형화된 표현이니 달달 외워 주세요.

1 지하철역까지 | the subway station

2 대영박물관까지 | the British Museum

3 에펠탑까지 | the Eiffel Tower

4 백악관까지 | the White House

실전 회화

실제 관광 안내소에서의 대화는 어떻게 이뤄질까요? 알아듣는 게 중요한 문장과 말하는 게 중요한 문장에 주의하면서 들어 보세요.

Dialog 1 관광 안내소에 들러 정보 얻기

안녕하세요. 제가 여기 초행이라 지도 좀 하나 얻었으면 하는데요.
Good morning. This is my first time of visiting here, so I would like to get a map.

직원: 여기 있습니다. 무료예요.
STAFF: Here you go. It's free.

정말 고맙습니다.
Thank you so much.

직원: 제가 또 도와드릴 건 없나요?
STAFF: Is there anything else I can help you with?

쇼나 행사들에 관한 안내 책자들도 있나요?
Do you have some brochures on shows or activities?

직원: 네, 있습니다. *(안내 책자 두 권을 보여주면서)* 이것들이 쇼나 행사들을 찾는 데 아주 유용할 겁니다. 어떤 쇼를 찾으세요?
STAFF: Yes, we do. *(showing two brochures)* **These will really be useful to find them. What kind of shows are you looking for?**

가족들이 보기에 재미있는 게 뭐가 있을까요?
Something fun for the family?

직원: 마술 쇼, 인형극이 있고요, 서커스 공연도 있어요. 미키의 매직 쇼를 적극 추천합니다.
STAFF: There's a magic show, a puppet show and also a circus troupe. I highly recommend Mickey's Magic Show.

도움 주셔서 감사합니다.
I appreciate your help.

This is one's first time of ~: 이번이 첫 번째로 ~하는 것이다
would like to ~: ~하고 싶다
anything else: 그 외 다른 것
puppet show: 인형극
troupe: 공연단, 극단

UNIT 9 관광 안내소에서 지도 받고 대중교통 이용에 대해 묻기

Dialog 2   관광 안내소 직원에게 대중교통에 관해 묻기

직원: 안녕하세요. 어서 오세요.
STAFF: Hi. How can I help you?

안녕하세요. 관광객인데, 여기 대중교통 시스템에 대해 알고 싶어서요.
Hello. I'm a tourist. I would like to know about the public transportation system here.

직원: 그러시군요. 택시랑 버스, 모노레일 이 세 가지 교통편을 추천하고 싶네요.
STAFF: Okay. I would recommend three kinds of transportation – taxis, buses and the monorail.

모노레일이요? 어디서 타는데요?
Monorail? Where can I take that?

직원: 모노레일은 시내 중심가에 7개 역이 있어요. 원하시는 곳에서 타거나 내리시면 돼요.
STAFF: The monorail has seven stations in the downtown area. You can get on and off wherever you want.

요금이 얼마죠?
How much is the fare?

직원: 경우에 따라 달라요. 편도 표는 6달러이고, 1일 승차권은 15달러예요.
STAFF: It depends. Single tickets are 6 dollars and day passes 15 dollars.

정말 고맙습니다. 그런데 몇 시까지 버스들이 다니나요?
Thank you so much. By the way, how late do the buses run?

직원: 보통 자정 넘어서도 다녀요.
STAFF: Usually run even after midnight.

정보 감사합니다. 도움이 많이 되었습니다.
Thanks for the information. You've been a great help.

---

take: (교통수단 등을) 타다
get on: (교통수단에) 올라타다
get off: (교통수단에서) 내리다
run: (대중교통 등이) 운행되다, 다니다

많이 듣고 말해 본 사람이 실전에도 강합니다. 뼈대 문장 훈련으로 워밍업이 됐다면 실전 회화 속 주요 문장을 큰 소리로 말해 보세요.

안녕하세요. 제가 여기 초행이라 지도 좀 하나 얻었으면 하는데요.
Good morning. This is my first time of visiting here, so I would like to get a map.

쇼나 행사들에 관한 안내 책자들도 있나요?
Do you have some brochures on shows or activities?

가족들이 보기에 재미있는 게 뭐 있을까요?
Something fun for the family?

마술 쇼, 인형극이 있고요, 서커스 공연도 있어요. 미키의 매직 쇼를 적극 추천합니다.
There's a magic show, a puppet show and also a circus troupe. I highly recommend Mickey's Magic Show.

안녕하세요. 관광객인데, 여기 대중교통 시스템에 대해 알고 싶어서요.
Hello. I'm a tourist. I would like to know about the public transportation system here.

모노레일이요? 어디서 타는데요?
Monorail? Where can I take that?

모노레일은 시내 중심가에 7개 역이 있어요. 원하시는 곳에서 타거나 내리시면 돼요.
The monorail has seven stations in the downtown area. You can get on and off wherever you want.

요금이 얼마죠?
How much is the fare?

몇 시까지 버스들이 다니나요?
How late do the buses run?

보고
바로 말하기

실제 상황에서는 우리말 문장과 동시에 영어가 떠올라야 해요. 우리말 문장을 보고 영어로 바로 말해 보세요.

- [ ] 샌프란시스코 관광 안내 지도가 있나요?

- [ ] 대중교통편에 관한 정보를 찾고 있어요.

- [ ] 여기 대중교통 시스템에 대해 알고 싶어요.

- [ ] 지역 토속 음식에 관심이 있어요.

- [ ] 도시를 구경하며 돌아다니는 가장 좋은 방법이 뭐죠?

- [ ] 시내 관광에 무엇이 포함되나요?

- [ ] 편의점이 어디 있나요?

- [ ] 기차역까지 거리가 얼마나 되나요?

- [ ] 제가 여기 초행이라 지도 좀 하나 얻었으면 하는데요.

- [ ] 몇 시까지 버스들이 다니나요?

UNIT 10

승차권 구매 후
버스 타기

단어만 알아도 안심이 돼요.

승차권을 구입하고 버스를 탈 때 꼭 알아야 하는 건 아래 단어만으로도 충분해요. 정확하게 말할 수 있게 발음을 듣고 따라 해 보세요.

SINGLE WORDS

정류장	stop
요금	fare
(지하철) 호선	line
노선	route
(탈것에) 타다	get on
(탈것에서) 내리다	get off
환승하다, 갈아타다	transfer
승차권	pass
운행 시간표	schedule
수송, 교통	transport
(교통수단을) 타다	take[1]
놓치다	miss

COMBO PHRASES

버스 정류장	bus stop
버스 요금	bus fare
토론토의 지하철 네 개 호선	four subway lines in Toronto
버스 노선	bus route
버스에 타다	get on the bus
버스에서 내리다	get off the bus
버스에서 전철로 갈아타다	transfer from bus to subway
1일 승차권	day pass
버스 운행 시간표	bus schedule
대중교통	public transport
7번 버스를 타다	take bus number 7
버스를 놓치다	miss the bus

---

[1] take는 버스 외에 지하철이나 택시 등을 탄다고 할 때도 쓰입니다.

뼈대 문장 익히기

여행에 필요한 뼈대 문장을 익혀 보아요. 머릿속에서만 맴돌던 영어 문장이 입에서 터져 나와요.

뼈대 문장 1

Where do I catch the bus to the ferry terminal? 페리 터미널 가는 버스를 어디서 타나요?

버스를 탄다고 할 때 take도 쓰지만 '잡다'의 catch도 많이 씁니다.
ferry terminal은 여객선 등의 배를 탈 수 있게 한 곳을 뜻해요.

다음 단어를 넣어 문장을 쓰고 말해 보세요.

1 공항 | the airport ☐ ☐ ☐

2 동물원 | the zoo ☐ ☐ ☐

3 스카이뷰 전망대 | the Sky View Observatory ☐ ☐ ☐

4 자연사 박물관 | the Natural History Museum ☐ ☐ ☐

뼈대 문장 2

Which bus goes to Victoria Street? 어느 버스가 빅토리아 스트리트로 가나요?

which 자리에 what을 쓰지 않도록 하세요. 정해진 범위 내에서 고르는 것은 which를 써요.
현재 정류장을 지나는 버스 중에서의 뜻이 포함돼 있으므로 Which bus가 맞는 표현입니다.

1 88 스트리트로 | 88 Street ☐ ☐ ☐

2 퀸스 애비뉴로 | Queens Avenue ☐ ☐ ☐

3 차이나타운으로 | Chinatown ☐ ☐ ☐

4 스탠리 공원으로 | Stanley Park ☐ ☐ ☐

UNIT 10 승차권 구매 후 버스 타기

뼈대 문장 3

How often does bus number 205 come?
205번 버스가 얼마나 자주 오나요?

'얼마나 자주 ~?'라고 횟수를 물어볼 때는 무조건 How often ~부터 말할 수 있어야 합니다.
그리고 '000번 버스'는 영어로 〈bus number+해당 숫자〉로 표현합니다.

1 58번 버스가 | bus number 58 ☐ ☐ ☐

2 112번 버스가 | bus number 112 ☐ ☐ ☐

3 5A 버스가 | bus number 5A ☐ ☐ ☐

4 5B 버스가 | bus number 5B ☐ ☐ ☐

뼈대 문장 4

How many stops is it to Wall Street?
월스트리트까지 몇 정거장이나 가야 하나요?

〈How many stops is it to ~?〉를 통으로 외워 두세요.
여기서 it은 '그것'이 아니라 거리를 나타내는 문장에서 주어로 쓰이는 말이에요.

1 트라팔가 광장까지 | Trafalgar Square ☐ ☐ ☐

2 웨스트민스터 대성당까지 | Westminster Cathedral ☐ ☐ ☐

3 브로드웨이까지 | Broadway ☐ ☐ ☐

4 매디슨 스퀘어 가든까지 | Madison Square Garden ☐ ☐ ☐

뼈대 문장 5
How much is the fare to Kensington Road?
켄싱턴 로드까지 요금이 얼마죠?

구간마다 거리마다 버스 요금이 다를 수 있기 때문에 버스에 타면서 목적지까지의 요금이 얼마인지 물을 때 쓸 수 있습니다.

1 베이커 스트리트까지 | Baker Street ☐☐☐

2 56 애비뉴까지 | 56 Avenue ☐☐☐

3 던컨 웨이까지 | Duncan Way ☐☐☐

4 킹스 플라자까지 | Kings Plaza ☐☐☐

뼈대 문장 6
Is there any discount for international tourists?
해외 관광객들에게 할인을 해주나요?

해외 관광객은 international tourist 외에 foreign tourist라고도 할 수 있어요.
각 나라마다 해외 관광객들에게 주는 특전이 있을 수 있으므로 이렇게 물어볼 수 있어야 합니다.

1 가족들에게 | families ☐☐☐

2 학생들에게 | students ☐☐☐

3 어린이들에게 | children ☐☐☐

4 어르신들에게 | senior citizens ☐☐☐

뼈대 문장 7

I am over 18.
전 18세가 넘었어요.

해외에서는 만 18세를 성인으로 봅니다. 그래서 이 문장처럼 말하면 '저는 성인이에요'라는 뜻이죠.

1 18세가 안 됐어요 | under 18

2 3월에 18세가 돼요 | turning* 18 in March

3 스무 살이에요 | 20 years old

4 서른이에요 | 30

*나이를 말할 때 동사 **turn**을 쓰기도 해요. 우리말에 '스무 살로 넘어간다'처럼 나이를 표현하는 말이 있는데, 거기에 딱 맞는 것이 바로 **turn 20**랍니다.

뼈대 문장 8

Do the bus tickets have an expiry date?
표에 유효 기간이 있나요?

expiry date는 '파기 날짜'로 해당 날짜가 넘으면 쓸 수 없음을 뜻해요. 그래서 '유효 기간'으로 이해하는 게 좋아요.

1 이 1일 승차권에 | this day pass*

2 주간 할인 승차권들에 | the weekly saver** tickets

3 이 학생 할인표에 | this student saver ticket

4 가족 할인 승차권들에 | the family saver tickets

*주어가 이렇게 단수일 때는 앞의 **Do**를 **Does**로 바꾸는 센스, 아시죠?
saver는 '절약가, 저축인'의 뜻이에요. 따라서 **saver ticket은 그런 사람들을 위한 표니까 할인표가 되겠죠?

실전 회화

실제 표를 사고 버스를 타기 전까지의 대화는 어떻게 이뤄질까요? 알아듣는 게 중요한 문장과 말하는 게 중요한 문장에 주의하면서 들어 보세요.

Dialog 1 상점에서 버스표 구입하기

안녕하세요. 버스표 사려고 하는데요.
Hello. I'd like to buy a bus ticket.

카운터 직원: 어떤 걸로 드릴까요? 편도표, 1일 승차권, 할인 승차권을 사실 수 있는데요.
CASHIER: Which one do you want? You can buy a single ticket, a day pass or a FareSaver.

할인 승차권이 뭐죠?
What is a FareSaver?

카운터 직원: 할인 승차권은 표 10장짜리 묶음책이에요. 성인 편도표가 한 장에 2.75달러인데, 할인 승차권을 사면 21달러예요.
CASHIER: FareSaver is a book of ten tickets. A single ticket is 2.75 dollars for an adult. But if you buy a FareSaver it is 21 dollars.

아, 그렇군요. 승차권에 유효 기간이 있나요?
Oh, I see. Do the tickets have an expiry date?

카운터 직원: 아뇨. 원하실 때 언제든지 사용하면 돼요.
CASHIER: No, you can use them whenever you want.

알겠어요. 그럼 할인 승차권 하나 살게요.
Okay. Could I buy a FareSaver, please?

카운터 직원: 할인 대상 미성년자인가요?
CASHIER: Are you a concession?

아뇨, 18세가 넘었어요.
No, I am over 18.

카운터 직원: 알겠습니다. 그럼 가격은 21달러예요.
CASHIER: Okay. Then the cost is 21 dollars.

> **concession:** 할인, 할인표 (회화에서 Are a concession?이라고 하면 그렇게 할인을 받을 수 있는 미성년자인지 확인하는 거예요.)

Dialog 2   행인에게 몇 번 버스를 타야 하는지 묻기

실례합니다. 빅토리아 스트리트로 가려고 하는데요. 어떻게 가는지 알려주시겠어요?
Excuse me, I want to go to Victoria Street. Could you tell me how to get there?

행인: 여기서 7번 버스 타셔야 해요. 버스 타실 때 시청 방향으로 가는지 확인하시고요.
PASSER-BY: From here, you need to take bus number 7. When you take a bus, make sure the bus is going toward City Hall.

고맙습니다. 버스가 얼마나 자주 오나요?
Thank you very much. How often does the bus come?

행인: 10분마다 와요.
PASSER-BY: It comes every 10 minutes.

바로 전 버스가 언제 왔는지 아세요?
Do you know when the last bus came?

행인: 5분 전에 왔으니까 다음 버스는 5분 후에 올 거예요.
PASSER-BY: It came 5 minutes ago, so the next bus will be here in 5 minutes.

그렇군요. 도와주셔서 고맙습니다!
Oh, I see. Thank you for your help!

실전 말하기 훈련

많이 듣고 말해 본 사람이 실전에도 강합니다. 뼈대 문장 훈련으로 워밍업이 됐다면 실전 회화 속 주요 문장을 큰 소리로 말해 보세요.

안녕하세요. 버스표 사려고 하는데요.
Hello. I'd like to buy a bus ticket.

어떤 걸로 드릴까요? 편도표, 1일 승차권, 할인 승차권을 사실 수 있는데요.
Which one do you want? You can buy a single ticket, a day pass or a FareSaver.

할인 승차권은 표 10장짜리 묶음책이에요. 성인 편도표가 한 장에 2.75달러인데, 할인 승차권을 사면 21달러예요.
FareSaver is a book of ten tickets. A single ticket is 2.75 dollars for an adult. But if you buy a FareSaver it is 21 dollars.

아, 그렇군요. 승차권에 유효 기간이 있나요?
Oh, I see. Do the tickets have an expiry date?

할인 대상 미성년자인가요?
Are you a concession?

아뇨, 18세가 넘었어요.
No, I am over 18.

실례합니다. 빅토리아 스트리트로 가려고 하는데요. 어떻게 가는지 알려주실래요?
Excuse me, I want to go to Victoria Street. Could you tell me how to get there?

여기서 7번 버스 타셔야 해요. 버스 타실 때 시청 방향으로 가는지 확인하시고요.
From here, you need to take bus number 7. When you take a bus, make sure the bus is going toward City Hall.

고맙습니다. 버스가 얼마나 자주 오나요?
Thank you very much. How often does the bus come?

바로 전 버스가 언제 왔는지 아세요?
Do you know when the last bus came?

그렇군요. 도와주셔서 고맙습니다.
Oh, I see. Thank you for your help!

UNIT 10 승차권 구매 후 버스 타기

보고
바로 말하기

실제 상황에서는 우리말 문장과 동시에 영어가 떠올라야 해요. 우리말 문장을 보고 영어로 바로 말해 보세요.

- [ ] 페리 터미널 가는 버스를 어디서 타나요?
- [ ] 어느 버스가 빅토리아 스트리트로 가나요?
- [ ] 205번 버스가 얼마나 자주 오나요?
- [ ] 월스트리트까지 몇 정거장이나 가야 하나요?
- [ ] 켄싱턴 로드까지 요금이 얼마죠?

- [ ] 해외 관광객들에게 할인을 해주나요?
- [ ] 전 18세가 넘었어요.
- [ ] 표에 유효 기간이 있나요?
- [ ] 바로 전 버스가 언제 왔는지 아세요?
- [ ] 할인 승차권은 표 10장짜리 묶음책이에요. 성인 편도표가 한 장에 2.75달러인데, 할인 승차권을 사면 21달러예요.
- [ ] 할인 대상 미성년자인가요?
- [ ] 여기서 7번 버스 타셔야 해요. 버스 타실 때 시청 방향으로 가는지 확인하시고요.

UNIT 11

관광객에게 말 걸며 함께 걸어가기

단어만 알아도 안심이 돼요.

다른 관광객에게 말을 거는 상황에서 꼭 알아야 하는 건 아래 단어만으로도 충분해요. 정확하게 말할 수 있게 발음을 듣고 따라 해 보세요.

SINGLE WORDS

관광객	tourist
방문자	visitor
낯선 사람	stranger
어색함을 깨는 말	icebreaker[1]
~로 향하다	head (v.)
(여행) 목적지	destination
정보, 조언	tip
휴가	vacation
(시간을) 보내다	spend
권하다	recommend

COMBO PHRASES

관광명소	tourist attraction
방문자 관광 안내소	visitor information center
낯선 사람들과 사귀다	make friends with strangers
어색함을 깨는 질문들	icebreaker questions
남쪽으로 향하다	head south
(여행) 목적지에 도달하다	reach one's destination
여행 정보	travel tips
휴가를 가다	take a vacation
휴가를 보내다	spend one's holidays
피쉬 앤 칩스를 먹어 보라고 권하다	recommend trying fish & chips[2]

1 원래 icebreaker는 '쇄빙선'의 뜻이지만, '어색한 분위기를 깨는 말'의 뜻으로도 쓰여요.
2 피쉬 앤 칩스(fish & chips)는 영국의 대표적인 음식으로 chips는 '감자튀김'을 말해요.

뼈대 문장 익히기

여행에 필요한 뼈대 문장을 익혀 보아요. 머릿속에서만 맴돌던 영어 문장이 입에서 터져 나와요.

뼈대 문장 1

Is this the way to Notre Dame Cathedral?
이 길이 노트르담 사원으로 가는 길인가요?

이 길이 목적지로 가는 게 맞는지 확실하지 않을 때 물어볼 수 있는 최적의 표현이에요. to 다음에 여러 목적지를 붙이면 됩니다.

다음 단어를 넣어 문장을 쓰고 말해 보세요.

1 오르세 미술관으로 | Orsay Museum

2 윈저 성으로 | Windsor Castle

3 로마 콜로세움으로 | the Roman Colosseum

4 트레비 분수로 | Trevi Fountain

뼈대 문장 2

I am on my way to Notre Dame Cathedral.
노트르담 사원으로 가는 중이에요.

관광지에서 서로 이야기하다 보면 자신이 현재 어디로 가는지 말할 경우가 있어요. 이때 쓸 수 있는 표현입니다. be on one's way to ~는 '~로 가는 중이다'의 뜻이지요.

1 오르세 미술관으로 | Orsay Museum

2 윈저 성으로 | Windsor Castle

3 로마 콜로세움으로 | the Roman Colosseum

4 트레비 분수로 | Trevi Fountain

뼈대 문장 3

I am taking a vacation from Korea.

한국에서 왔는데, 휴가를 보내는 중이에요.

낯선 이들과의 대화에 출신지를 빼놓을 수 없죠.
출신지와 현재 자기가 무엇을 하고 있는지를 동시에 표현하는 아주 유용한 문장입니다.

1 1주일 동안 휴가를 보내는 중 | taking a 1-week vacation ☐ ☐ ☐

2 혼자 여행하는 중 | traveling solo ☐ ☐ ☐

3 여름휴가를 보내는 중 | spending my summer holidays ☐ ☐ ☐

4 가족과 함께 휴가를 보내는 중 | spending my holidays with my family ☐ ☐ ☐

뼈대 문장 4

I've been wanting to come to Spain for a long time.

오래 전부터 스페인에 와 보고 싶었어요.

자신이 꼭 가고 싶었던 곳을 여행하고 있을 때, 낯선 사람들과 이야기하기 딱 좋은 표현이에요.
〈have been -ing〉는 '(예전부터 지금까지) ~하고 있다'의 뜻으로 좀 더 생기 있는 느낌을 줘요.

1 이탈리아에 | to Italy ☐ ☐ ☐

2 스위스에 | to Switzerland* ☐ ☐ ☐

3 네덜란드에 | to the Netherlands ☐ ☐ ☐

4 여기 | here ☐ ☐ ☐

*국가명 '스위스'는 Swiss가 아니라 Switzerland입니다. Swiss는 '스위스의'란 뜻의 형용사예요.

뼈대 문장 5

I would like to visit Sydney one day.
언젠가 시드니를 한번 가 보고 싶어요.

서로 이야기를 하다 보면 나중에 자신이 가 보고 싶은 여행지를 얘기하는 경우가 많습니다. 그때 쓸 수 있는 표현이에요. one day는 '(아직 오지 않은 미래의) 언젠가'입니다.

1 마드리드를 | Madrid

2 이스탄불을 | Istanbul

3 에든버러를 | Edinburgh

4 실리콘밸리를 | the Silicon Valley

뼈대 문장 6

What sort of food do you like?
어떤 음식을 좋아하세요?

취향을 알아볼 때 쓸 수 있는 질문이에요. sort 대신 kind라고 쓸 수도 있습니다.

1 한국 음식을 | Korean food

2 음악을 | music

3 스포츠를 | sports

4 컴퓨터 게임을 | computer games

UNIT 11 관광객에게 말 걸며 함께 걸어가기   115

뼈대 문장 7

I hope you enjoy your stay.
계시는 동안 즐겁게 잘 지내시면 좋겠어요.

슬슬 대화를 마무리할 때 쓰기 좋은 표현입니다. I hope 뒤에 하고 싶은 말을 문장 형태로 넣어 주면 됩니다.

1 멋진 시간 보내시면 | you have a wonderful time

2 샌프란시스코에서 좋은 시간 보내시면 | you have a good time in San Francisco

3 계속 연락하고 지내면 | we will* stay in touch**

4 다시 또 뵈었으면 | I'll see you again

*I hope 뒤에 오는 문장은 you have처럼 현재형이 오기도 하고 we will처럼 미래형이 오기도 합니다.
**stay in touch: 연락하고 지내다

뼈대 문장 8

It was nice meeting you.
만나서 반가웠어요.

작별 인사를 하기 전에 할 수 있는 말이에요. meeting이지 to meet가 아닌 점에 유의하세요. 처음 만나서 인사할 때는 to meet이지만, 헤어지기 전에 하는 말일 때는 meeting을 씁니다.

1 알게 돼서 | knowing you

2 얘기 나누게 돼서 | talking to you

3 수다 떨게 돼서 | chatting with you

4 함께 걷게 돼서 | walking with you

실전 회화

실제 여행지에서 낯선 관광객과의 대화는 어떻게 이뤄질까요? 알아듣는 게 중요한 문장과 말하는 게 중요한 문장에 주의하면서 들어 보세요.

Dialog 1 관광객에게 말을 걸면서 함께 걸어가기

안녕하세요. 여기 관광객이세요?
Hi, are you a tourist here?

> 관광객: 네. 그쪽은요?
> **TOURIST: Yes, I am. How about you?**

저도 여기 관광객이에요. 만나서 반갑습니다.
I am also a visitor here. Nice to meet you.

> 관광객: 저도 반갑네요. 저는 시애틀에서 왔는데, 어디서 오셨어요?
> **TOURIST: Nice to meet you, too. I am from Seattle. Where are you from?**

한국에서요. 여기 3일 동안 방문하려고요.
I am from Korea. Just visiting here for 3 days.

> 관광객: 전에 한국에 가 본 적이 있는데, 아주 아름다운 곳이더라고요.
> **TOURIST: I have been to Korea before. It was such a beautiful place.**

저는 아직 시애틀에 못 가 봤는데, 언젠가 가 보고 싶네요.
I haven't been to Seattle yet. I would like to visit there one day.

> 관광객: 꼭 오세요. 저는 지금 성 바오로 성당으로 가는 길인데. 그쪽은요?
> **TOURIST: Definitely! I am on my way to St. Paul's Cathedral. How about you?**

저도 거기로 가는 길이에요. 함께 걸어가죠.
I am also on my way there! Let's walk together.

---

definitely: 반드시, 꼭
St. Paul's Cathedral: 런던에 있는 성 바오로 성당

Dialog 2 또 다른 커플 관광객에게 말 걸기

이 길이 성 바오로 성당으로 가는 길인가요?
Is this the way to St. Paul's Cathedral?

> 커플: 제가 알기로는요. 거기로 가시는 거세요?
> **COUPLE:** As far as I know, it is. Are you heading there?

네.
Yes, I am.

> 커플: 저희도 그쪽으로 가는 길이에요. 괜찮으시다면 함께 가세요.
> **COUPLE:** We are heading there as well. You can join us if you want.

고맙습니다. 두 분은 어디서 오셨어요?
Thanks. Where are you guys from?

> 커플: 저희는 독일에서 왔어요. 그쪽은요?
> **COUPLE:** We are from Germany. How about you?

한국에서요. 휴가 보내려고 이곳에 왔죠.
I am from Korea. I came here to spend my holidays.

> 커플: 저희도 휴가 차 여기 온 거예요. 런던에는 얼마나 오래 계실 거예요?
> **COUPLE:** We are also here for our holidays. How long are you staying in London?

3일이요. 오늘이 이틀째인데 내일 떠날 거예요.
Three days. It's my second day. So I will be leaving here tomorrow.

> 커플: 그러시구나. 저희는 어젯밤에 도착했거든요. 이곳에서 사흘 더 지낼 거예요.
> **COUPLE:** I see. We just arrived last night. So we have three more days to spend here.

좋겠네요. 물어보고 싶은 것 있으면 언제든지 물어보세요. 제가 이미 여러 곳들을 많이 들러 봐서 아마 대답해 줄 수 있을 거예요.
Nice. Feel free to ask any questions if you guys have some. I visited lots of different places already, so I might be able to answer them.

---

as far as I know: 내가 알기로는
join: 합류하다, 합석하다
might+동사원형: 아마 ~일지도 모른다
as well: ~도, ~뿐만 아니라
Feel free to+동사원형 ~: 언제든지 ~해라

실전 말하기 훈련

많이 듣고 말해 본 사람이 실전에도 강합니다. 뼈대 문장 훈련으로 워밍업이 됐다면 실전 회화 속 주요 문장을 큰 소리로 말해 보세요.

안녕하세요. 여기 관광객이세요?
Hi, are you a tourist here?
☐ ☐ ☐

저도 여기 관광객이에요. 만나서 반갑습니다.
I am also a visitor here. Nice to meet you.
☐ ☐ ☐

한국에서요. 여기 3일 동안 방문하려고요.
I am from Korea. Just visiting here for 3 days.
☐ ☐ ☐

저는 아직 시애틀에 못 가 봤는데, 언젠가 가 보고 싶네요.
I haven't been to Seattle yet. I would like to visit there one day.
☐ ☐ ☐

저도 거기로 가는 길이에요. 함께 걸어가죠.
I am also on my way there! Let's walk together.
☐ ☐ ☐

이 길이 성 바오로 성당으로 가는 길인가요?
Is this the way to St. Paul's Cathedral?
☐ ☐ ☐

고맙습니다. 두 분은 어디서 오셨어요?
Thanks. Where are you guys from?
☐ ☐ ☐

한국에서요. 휴가 보내려고 이곳에 왔죠.
I am from Korea. I came here to spend my holidays.
☐ ☐ ☐

3일이요. 오늘이 이틀째인데 내일 떠날 거예요.
Three days. It's my second day. So I will be leaving here tomorrow.
☐ ☐ ☐

좋겠네요. 물어보고 싶은 것 있으면 언제든지 물어보세요.
Nice. Feel free to ask any questions if you guys have some.
☐ ☐ ☐

제가 이미 여러 곳들을 많이 들러 봐서 아마 대답해 줄 수 있을 거예요.
I visited lots of different places already, so I might be able to answer them.
☐ ☐ ☐

UNIT 11 관광객에게 말 걸며 함께 걸어가기

보고
바로 말하기

실제 상황에서는 우리말 문장과 동시에 영어가 떠올라야 해요. 우리말 문장을 보고 영어로 바로 말해 보세요.

- [ ] 이 길이 노트르담 사원으로 가는 길인가요?
- [ ] 노트르담 사원으로 가는 중이에요.
- [ ] 한국에서 왔는데, 휴가를 보내는 중이에요.
- [ ] 오래 전부터 스페인에 와 보고 싶었어요.
- [ ] 언젠가 시드니를 한번 가 보고 싶어요.

- [ ] 어떤 음식을 좋아하세요?
- [ ] 계시는 동안 즐겁게 잘 지내시면 좋겠어요.
- [ ] 만나서 반가웠어요.
- [ ] 저도 거기로 가는 길이에요. 함께 걸어가죠.
- [ ] 3일이요. 오늘이 이틀째인데 내일 떠날 거예요.

- [ ] 좋겠네요. 물어보고 싶은 것 있으면 언제든지 물어보세요.
- [ ] 제가 이미 여러 곳들을 많이 들러 봐서 아마 대답해 줄 수 있을 거예요.

UNIT 12

행인에게 길 묻고
사진 찍어 달라고 부탁하기

단어만 알아도 안심이 돼요.

행인에게 길을 묻고 사진을 찍어 달라고 부탁할 때 꼭 알아야 하는 건 아래 단어만으로도 충분해요. 정확하게 말할 수 있게 발음을 듣고 따라 해 보세요.

SINGLE WORDS

근처에, 인근에	nearby
지나가다	pass
교차하다, 만나다	intersect
길 안내, 방향	directions
따라 가다	follow
돌다	turn
표지판	sign
쪽, 방향	way
사진	picture/photo
누르다	press

COMBO PHRASES

근처에 몇 군데 식당들	some restaurants nearby
신호등 두 개를 지나가다	pass two traffic lights
다른 길과 만나다	intersect[1] with another road
길을 묻다	ask for directions[2]
이 길을 쭉 따라 가다	keep following[3] this road
왼쪽으로 돌다	turn left
표지판이 보이다	see a sign
이쪽	this way
사진을 찍다	take a picture/photo
이 버튼을 누르세요.	Press this button.

---

1 길과 길이 만나는 건 meet가 아니라 intersect라고 씁니다.
2 direction은 '방향'의 뜻과 '길을 알려주는 것' 두 가지 뜻이 있어요.
3 keep V-ing: 계속 ~하다

뼈대 문장 익히기

여행에 필요한 뼈대 문장을 익혀 보아요. 머릿속에서만 맴돌던 영어 문장이 입에서 터져 나와요.

뼈대 문장 1

How do I get to St. Patrick's Cathedral?
성 패트릭 성당까지 어떻게 가나요?

길을 물을 때 쓰는 대표적인 표현입니다. How do I get to 다음에 목적지를 쓰면 돼요. 참고로 get to는 '~에 도착하다'의 뜻입니다.

다음 단어를 넣어 문장을 쓰고 말해 보세요.

1 웨스트민스터 대사원까지 | Westminster Abbey

2 런던 아이까지 | the London Eye*

3 구겐하임 박물관까지 | Guggenheim Museum

4 테이트 현대 미술관까지 | Tate Modern Gallery

*London Eye: 135미터 높이의 대회전식 관람차

뼈대 문장 2

Excuse me, could you tell me how to get to St. Patrick's Cathedral?
실례지만, 성 패트릭 성당까지 어떻게 가는지 알려주시겠어요?

이번에는 같은 뜻이지만, 아주 정중하게 격식을 차려서 물어볼 때 쓰는 표현이에요. 말을 걸기 전에 Excuse me로 시작했고요, Could you ~?는 '~해 주시겠어요?'로 극존칭을 나타냅니다.

1 웨스트민스터 대사원까지 | Westminster Abbey

2 런던 아이까지 | the London Eye

3 구겐하임 박물관까지 | Guggenheim Museum

4 테이트 현대 미술관까지 | Tate Modern Gallery

뼈대 문장 3

Which way is Union Station?
유니온 역이 어느 쪽인가요?

길을 물어볼 때, 어느 쪽으로 가야 하는지 방향이 궁금하기도 하잖아요. 그때, 이렇게 쓰면 됩니다.

1 메모리얼 병원이 | Memorial Hospital

2 우체국이 | the post office

3 남쪽이 | south

4 출구가 | the exit

뼈대 문장 4

Am I going the right way for Kensington Station?
이 길이 켄싱턴 역으로 가는 길 맞나요?

이 문장은 직역하면 '내가 켄싱턴 역으로 맞게 가고 있나요?'입니다. 즉, '이 길이 켄싱턴 역으로 가는 길 맞나요?'가 되겠죠.

1 중앙 도서관으로 | Central Library

2 버나비 공공 도서관으로 | Burnaby Public Library

3 비버리 힐즈로 | Beverly Hills

4 브루클린으로 | Brooklyn

뼈대 문장 5

Can you show me on the map where it is?
거기가 어딘지 지도에서 가르쳐 줄래요?

자기가 들고 있는 지도, 또는 모바일 앱 지도에서 어디인지 찍어 달라고 하고 싶을 때 쓰면 좋아요.

1 지금 우리가 있는 데가 어딘지 | where we are now

2 제가 있는 데가 어딘지 | where I am

3 그 식당 위치가 어딘지 | where the restaurant is

4 가장 가까운 주유소의 위치가 어딘지 | where the nearest gas station is

*wh-word가 쓰인 문장이 전체 문장 중간에 오게 되면 〈wh-word+주어+동사 ~〉의 순서가 되는 걸 기억하세요.

뼈대 문장 6

How long does it take by taxi?
택시로 얼마나 걸리나요?

'얼마나 오래 걸립니까?'라고 물어보고 싶을 때는 무조건 How long does it take ~? 라고 한 다음 뒤에 자세한 내용을 붙이면 됩니다. 참고로 〈by+교통수단〉은 '~을 타고'의 뜻이에요.

1 버스로 | by bus

2 자동차로 | by car

3 지하철로 | by subway

4 걸어서 | on foot*

*'걸어서'는 by foot이 아니라 on foot인 것에 주의하세요.

UNIT 12 행인에게 길 묻고 사진 찍어 달라고 부탁하기   125

뼈대 문장 7

Could you please take a photo for us?
저희 사진 좀 찍어 주실래요?

상대방에게 부탁할 때 쓸 수 있는 표현이 여러 가지가 있는데요, Could you please ~ for us?라고 하면 '(저희를 위해) ~ 좀 해 주시겠어요?'라고 공손히 부탁하는 말이 됩니다.

1 이것 좀 맡아 | keep* this ☐ ☐ ☐

2 이것 좀 잡아 | hold this ☐ ☐ ☐

3 이 가방 좀 들어다 | carry this bag ☐ ☐ ☐

4 이 가방들 좀 봐 | watch** these bags ☐ ☐ ☐

*keep은 '보관하다'의 의미예요.   **watch는 '(눈을 떼지 말고) 지켜보다'의 뜻이에요.

뼈대 문장 8

Do you mind taking our picture?
우리 사진 좀 찍어 줄래요?

Do you mind ~?는 직역하면 '~하는 게 꺼려지세요?'이지만, 원어민들이 뭔가를 부탁할 때 굉장히 자주 쓰는 표현입니다. 뒤에는 〈동사-ing〉가 오지요. 이 표현에 흔쾌히 대답할 때는 부정어를 써서, Of course not. 등으로 해야 하는 것, 잊지 마세요.

1 잠깐만 기다려 | waiting a minute ☐ ☐ ☐

2 창문 좀 열어 | opening the window ☐ ☐ ☐

3 문 좀 닫아 | closing the door ☐ ☐ ☐

4 셀프 계산대 사용법 좀 알려 | telling me how to use* the self-checkout ☐ ☐ ☐

*how to + 동사원형: ~하는 법

실전 회화

실제 행인들에게 길을 물어보고 사진 좀 찍어달라고 부탁하는 대화는 어떻게 이뤄질까요? 알아듣는 게 중요한 문장과 말하는 게 중요한 문장에 주의하면서 들어 보세요.

Dialog 1 행인에게 목적지까지 가는 길 묻기

저, 성 패트릭 성당으로 가려고 하는데요. 거기까지 걸어가기에 너무 먼가요?
Hi, I am trying to get to St. Patrick's Cathedral. Is it too far to walk there?

행인: 성 패트릭 성당이요? 아뇨, 그렇진 않아요. 걸으면 여기서 한 12분쯤 걸릴 걸요.
PASSER-BY: St. Patrick's Cathedral? No, it's not that bad. If you walk, it will take about 12 minutes from here.

그럼 걸어가야겠네요. 길 좀 가르쳐 주시겠어요?
I will walk there then. Could you please give me some directions?

행인: 그러죠. 지금 서 있는 곳이 윌슨 로드예요. 이 도로를 쭉 따라 가면 처치 힐이라는 도로와 만날 거예요. 그럼 왼쪽으로 돈 다음 그 도로를 따라 가세요.
PASSER-BY: Sure. Right now, you are on Wilson Road. If you keep following this road, this will intersect with another road called Church Hill. Then turn left and follow that road.

네. 처치 힐을 따라 가면 성 패트릭 성당에 도달하나요?
Okay. If I follow Church Hill, will I get to St. Patrick's Cathedral?

행인: 네. 따라 가다 보면 길 안내 표지판이 보일 거예요. 거기서 그리 멀지 않아요.
PASSER-BY: Yes. If you do, you will see a sign that gives you the direction. It won't be too far from there.

그렇군요. 정말 감사합니다.
I see. Thank you so much.

> **It's not that bad.:** 그렇게 나쁘지 않다, 괜찮다(문맥에 따라 다양한 의미로 해석 가능해요.)

Dialog 2 행인에게 사진 찍어 달라고 부탁하기

저기, 실례지만 저희 사진 좀 찍어 주실래요?
Excuse me. Could you please take a photo for us?

행인: 그러지요.
PASSER-BY: Why not?

감사합니다. 카메라 여기 있어요.
Thank you. Here is my camera.

행인: 그냥 이 버튼만 누르면 되는 거죠?
PASSER-BY: Do I just press this button?

네, 그 버튼이요.
Yes, that button.

행인: 네. 모두 준비되셨죠? 치즈 하세요.
PASSER-BY: All right. Is everyone ready? Say cheese!

치즈!
Cheese!

행인: 한 번 더 찍을게요. 모두 웃으세요.
PASSER-BY: I will take one more now. Smile everybody.

정말 감사합니다. 아주 친절하시네요.
Thank you very much indeed! You are so kind.

행인: 아이, 뭘요.
PASSER-BY: My pleasure.

Why not?: 왜 안 되겠어요? (즉, 요청이나 부탁에 OK의 의미)
Say cheese!: (사진 찍을 때 우리식으로 하면) '김치' 하세요!

실전 말하기 훈련

많이 듣고 말해 본 사람이 실전에도 강합니다. 뼈대 문장 훈련으로 워밍업이 됐다면 실전 회화 속 주요 문장을 큰 소리로 말해 보세요.

저, 성 패트릭 성당으로 가려고 하는데요. 걸어가기에 너무 먼가요?
Hi, I am trying to get to St. Patrick's Cathedral. Is it too far to walk there?

그럼 걸어갈게요. 길 좀 가르쳐 주시겠어요?
I will walk there then. Could you please give me some directions?

그러죠. 지금 서 있는 곳이 윌슨 로드예요. 이 도로를 쭉 따라 가면 처치 힐이라는 도로와 만날 거예요. 그럼 왼쪽으로 돈 다음 그 도로를 따라가세요.
Sure. Right now, you are on Wilson Road. If you keep following this road, this will intersect with another road called Church Hill. Then turn left and follow that road.

네, 처치 힐을 따라 가면 성 패트릭 성당에 도달하나요?
Okay. If I follow Church Hill, will I get to St. Patrick's Cathedral?

그렇군요. 정말 감사합니다.
I see. Thank you so much.

저기, 실례지만 저희 사진 좀 찍어 주실래요?
Excuse me. Could you please take a photo for us?

감사합니다. 카메라 여기 있어요.
Thank you. Here is my camera.

네. 그 버튼이요.
Yes, that button.

치즈!
Cheese!

정말 감사합니다. 아주 친절하시네요.
Thank you very much indeed! You are so kind.

보고
바로 말하기

실제 상황에서는 우리말 문장과 동시에 영어가 떠올라야 해요. 우리말 문장을 보고 영어로 바로 말해 보세요.

- [ ] 성 패트릭 성당까지 어떻게 가나요?

- [ ] 실례지만, 성 패트릭 성당까지 어떻게 가는지 알려주시겠어요?

- [ ] 유니온 역이 어느 쪽인가요?

- [ ] 이 길이 켄싱턴 역으로 가는 길 맞나요?

- [ ] 거기가 어딘지 지도에서 가르쳐 줄래요?
- [ ] 택시로 얼마나 걸리나요?
- [ ] 저희 사진 좀 찍어 주실래요?
- [ ] 우리 사진 좀 찍어 줄래요?
- [ ] 거기까지 걸어가기에 너무 먼가요?

- [ ] 그러죠. 지금 서 있는 곳이 윌슨 로드예요. 이 도로를 쭉 따라 가면 처치힐이라는 도로와 만날 거예요. 그럼 왼쪽으로 돈 다음 그 도로를 따라가세요.

- [ ] 처치 힐을 따라 가면 성 패트릭 성당에 도달하나요?

UNIT 13

경치 만끽 후
기념품 가게에서 물건 사기

단어만 알아도 안심이 돼요.

실제 기념품 가게에서 대화할 때 꼭 알아야 하는 건 아래 단어만으로도 충분해요. 정확하게 말할 수 있게 발음을 듣고 따라 해 보세요.

SINGLE WORDS

기념품	souvenir
장관의	spectacular
산악의	mountainous
잊지 못할	memorable
꼭 봐야 할 (곳)	must-see[2]
빙하의	glacial
바가지	rip-off
산길	trail
저렴한, 알뜰한	budget[3]
자석 (기념품)	magnet
국립의	national
장식적인, 장식의	decorative

COMBO PHRASES

기념품 가게	souvenir shop
장관의 캐나다 로키 산맥	the spectacular Canadian Rockies[1]
산악 풍경	mountainous landscape
잊지 못할 여행	memorable trip
꼭 봐야 할 도시들	must-see cities
빙하 호수	glacial lake
완전 바가지네!	What a rip-off!
등산로	hiking trail
알뜰 여행	budget travel
냉장고에 붙이는 자석 기념품	fridge magnet
밴프 국립공원	Banff National Park
수집용 장식 접시	decorative collector plate

---

1 로키 산맥은 Rocky Mountains라고도 해요.
2 동사 앞에 must-를 붙이면 '반드시 ~해야 할'의 의미가 추가돼요.
3 budget은 명사로는 '예산'이지만, 형용사로는 '알뜰한'이에요.

뼈대 문장 익히기

여행에 필요한 뼈대 문장을 익혀 보아요. 머릿속에서만 맴돌던 영어 문장이 입에서 터져 나와요.

뼈대 문장 1 · Is this your first time in the Canadian Rockies?
캐나다 로키 산맥에 처음 오신 거예요?

멋진 풍경을 보며 누군가와 이야기를 나누고 싶을 때가 있죠? 그때는 옆의 관광객에게 말을 걸어 보세요. 이렇게 물어보면서요.

다음 단어를 넣어 문장을 쓰고 말해 보세요.

1 루이스 호수에 | Lake Louise   □ □ □

2 밴프 국립공원에 | Banff National Park   □ □ □

3 재스퍼 국립공원에 | Jasper National Park   □ □ □

4 콜롬비아 빙원에 | Columbia Icefield   □ □ □

뼈대 문장 2 · I've heard a lot about this place.
이곳에 대해 얘기 많이 들었어요.

대화를 텄으니 이어 가야겠죠? 이렇게도 이어 갈 수 있어요.

1 엠파이어 스테이트 빌딩 | the Empire State Building   □ □ □

2 빅벤 | Big Ben   □ □ □

3 데스 밸리 | Death Valley   □ □ □

4 금문교 | the Golden Gate Bridge   □ □ □

UNIT 13 경치 만끽 후 기념품 가게에서 물건 사기   133

뼈대 문장 3

The Grand Canyon is spectacular.

그랜드 캐년은 장관이에요.

자연이 만들어 낸 경관을 보며 자신의 느낌을 이야기할 수 있어요.
〈A is B〉의 형태로 의외로 간단히 표현할 수 있답니다.

1 정말 기막히게 멋져요 | so awesome   ☐ ☐ ☐

2 숨이 멎을 정도로 아름다워요 | breathtaking   ☐ ☐ ☐

3 꼭 한번 봐야 할 곳이에요 | a must-see   ☐ ☐ ☐

4 대자연의 걸작 중 하나예요 | one of Mother Nature's* masterpieces   ☐ ☐ ☐

*Mother Nature: 대자연

뼈대 문장 4

Could you help me choose a gift?

선물 고르는 것 좀 도와줄래요?

다양한 기념품 가게에서 뭘 골라야 할지 잘 모르겠다면 점원에게 이렇게 도움을 요청하세요.
〈help A+동사원형 ~〉은 'A가 ~하는 걸 도와주다'의 뜻이에요. 동사 부분을 바꾸면 다양하게 응용할 수 있어요.

1 엄마 선물 고르는 것 | choose a gift for my mom   ☐ ☐ ☐

2 열쇠 고리 찾는 것 | find key rings   ☐ ☐ ☐

3 핀 배지 찾는 것 | find pin badges   ☐ ☐ ☐

4 쇼핑백 드는 것 | carry my shopping bags   ☐ ☐ ☐

뼈대 문장 5

Would bottle openers be good as souvenirs?
병따개가 기념품으로 좋을까요?

어떤 특정 물품이 기념품으로 괜찮을지 물어보는 것도 기념품 가게에서 많이 하는 말입니다.

1 국기가 그려진 티셔츠가 | flag T-shirts ☐ ☐ ☐

2 금속 책갈피가 | metal bookmarkers ☐ ☐ ☐

3 디지털 액자가 | digital photo frames ☐ ☐ ☐

4 도시 이름이 새겨진 접시들이 | plates with names of cities ☐ ☐ ☐

뼈대 문장 6

I was wondering if you could recommend a gift for a young man.
젊은 남자가 좋아할 선물을 추천해 주실 수 있는지요.

선물 추천을 요청할 때 이렇게 선물 받을 당사자를 명확하게 언급해 주면 더 괜찮은 추천을 받을 확률이 높아져요.
I was wondering if ~는 정중하게 상대방에게 부탁하거나 물어볼 때 쓰는 표현이에요.

1 꼬마 남자아이가 | a little boy ☐ ☐ ☐

2 40대 여자가 | a woman in her 40s ☐ ☐ ☐

3 50대 중반 남자가 | a man in his mid-50s ☐ ☐ ☐

4 우리 할아버지가 | my grandfather ☐ ☐ ☐

뼈대 문장 7

I am thinking of a gift that my mom can keep for a long time.
저는 엄마가 오래 간직할 수 있는 선물을 생각하고 있어요.

기념품 가게에서 점원이 어떤 선물을 찾고 있는지 물을 수도 있어요.
그럴 때는 I am thinking of ~ 표현을 이용해 말할 수 있어요.

1 냉장고에 붙이는 자석 기념품을 | a fridge magnet ☐ ☐ ☐

2 팔찌를 | a bracelet ☐ ☐ ☐

3 수집용 장식 접시를 | a decorative collector plate ☐ ☐ ☐

4 휴대용 머그잔을 | a travel mug ☐ ☐ ☐

뼈대 문장 8

These ice wines seem overpriced.
이 아이스 와인들은 터무니없이 값이 비싼 것 같아요.

사실, 기념품 가게에서 파는 물건이 별거 아닌 것 같은데도 가격은 엄청 비싼 게 있어요.
그때 쓸 수 있는 표현이에요. seem은 '~ 같다, ~처럼 보이다'의 의미예요.

1 값이 비교적 싼 것 | relatively cheap ☐ ☐ ☐

2 가격 대비 괜찮은 것 | like a good deal ☐ ☐ ☐

3 바가지인 것 | like a rip-off ☐ ☐ ☐

4 기념품으로 아주 멋진 것 | pretty cool as souvenirs ☐ ☐ ☐

실전 회화

실제 관광지나 기념품 가게에서의 대화는 어떻게 이뤄질까요? 알아듣는 게 중요한 문장과 말하는 게 중요한 문장에 주의하면서 들어 보세요.

Dialog 1 캐나다 루이스 호수의 절경을 감상하며 주변 관광객들에게 말 걸기

🗣 루이스 호수에 처음 오신 거세요?
Is this your first time in Lake Louise?

👂 관광객: 네, 하지만 이곳에 대해 얘기는 많이 들었어요. 세계에서 가장 아름다운 호수 중 하나죠.
TOURIST: Yes, but I've heard a lot about this place. It is one of the most beautiful lakes in the world.

🗣 정말 동감입니다. 저 색깔 좀 보세요! 에메랄드 빛이에요! 왜 저런 색깔인지 아세요?
I totally agree. Look at the color! It's emerald! Do you know why it's that color?

👂 관광객: 계곡 정상에 있는 빙하들이 저런 색깔을 만드는 거예요.
TOURIST: The glaciers at the head of the valley create the color.

🗣 와! 정말 놀랍네요! 늘 이렇게 아름다운 색깔로 있나요?
Wow! That is amazing! Is it always this beautiful color?

👂 관광객: 아뇨. 겨울에 오면 꽁꽁 얼어서 볼 수가 없어요.
TOURIST: No. If you come during the winter, it is frozen so you can't see it.

🗣 그렇군요. 이 여름에 볼 수 있어서 우리는 무지 운이 좋은 거네요!
I see. We are so lucky to see it this summer!

👂 관광객: 그렇죠, 우리가 정말 운이 좋은 거예요!
TOURIST: Yes, we are very lucky indeed!

Lake Louise: 캐나다 앨버타 로키 산맥의 밴프 국립공원에 있는 루이스 호수
indeed: 실로, 정말로

UNIT 13 경치 만끽 후 기념품 가게에서 물건 사기

Dialog 2   기념품 가게에 들러 종업원에게 물어보고 사기

한국 친구들에게 줄 기념품들을 찾고 있어요. 고르는 것 좀 도와주실래요?
I am looking for some souvenirs to give to my friends in Korea. Could you help me choose?

점원: 그러죠! 마음에 두고 계신 게 있으세요?
CLERK: Absolutely! Do you have something in mind?

걔네들이 오래 간직할 수 있는 선물을 생각하고 있어요.
I was thinking of a gift that they can keep for a long time.

점원: 그러시군요. 자석 기념품은 어떠세요? 루이스 호수 같은 멋진 경치 사진이 찍혀 있어요.
CLERK: Okay. How about a magnet? It has a picture of the beautiful scenery like Lake Louise on it.

그거 괜찮을 것 같네요!
That sounds good to me!

점원: 아 참. 아이스 와인도 기념품으로 아주 멋질 것 같네요. 그런데 금방 마셔야 해요.
CLERK: Oh! Ice wine would be awesome as the souvenir. However, you'll have to drink it soon.

아이스 와인이요? 그게 뭔데요? 한번도 들어 본 적이 없어서요.
Ice Wine? What is it? I've never heard of it.

점원: 일종의 디저트 와인이에요. 나무에 매달린 채 얼린 포도들을 농축해 만든 달콤한 와인이에요. 캐나다에서는 유명하죠.
CLERK: It's a type of dessert wine. It's a sweet, concentrated wine made from grapes that froze on the vine. It is well known in Canada.

괜찮을 것 같은데요! 세 병 주시겠어요?
That would be great! Could I have three bottles, please?

 실전 말하기 훈련

많이 듣고 말해 본 사람이 실전에도 강합니다. 뼈대 문장 훈련으로 워밍업이 됐다면 실전 회화 속 주요 문장을 큰 소리로 말해 보세요.

루이스 호수에 처음 오신 거세요?
Is this your first time in Lake Louise?

정말 동감입니다. 저 색깔 좀 보세요! 에메랄드 빛이에요!
I totally agree. Look at the color! It's emerald!

왜 저런 색깔인지 아세요?
Do you know why it's that color?

와! 정말 놀랍네요! 늘 이렇게 아름다운 색깔로 있나요?
Wow! That is amazing! Is it always this beautiful color?

그렇군요. 이 여름에 볼 수 있어서 우리는 무지 운이 좋은 거네요!
I see. We are so lucky to see it this summer!

한국 친구들에게 줄 기념품들을 찾고 있어요.
I am looking for some souvenirs to give to my friends in Korea.

걔네들이 오래 간직할 수 있는 선물을 생각하고 있어요.
I was thinking of a gift that they can keep for a long time.

자석 기념품은 어떠세요?
How about a magnet?

루이스 호수 같은 멋진 경치 사진이 찍혀 있어요.
It has a picture of the beautiful scenery like Lake Louise on it.

아이스 와인이요? 그게 뭔데요? 한번도 들어 본 적이 없어서요.
Ice Wine? What is it? I've never heard of it.

괜찮을 것 같은데요. 세 병 주시겠어요?
That would be great! Could I have three bottles, please?

보고 바로 말하기

실제 상황에서는 우리말 문장과 동시에 영어가 떠올라야 해요. 우리말 문장을 보고 영어로 바로 말해 보세요.

- ☐ 캐나다 로키 산맥에 처음 오신 거예요?
- ☐ 이곳에 대해 얘기 많이 들었어요.
- ☐ 그랜드 캐년은 장관이에요.
- ☐ 선물 고르는 것 좀 도와줄래요?
- ☐ 병따개가 기념품으로 좋을까요?
- ☐ 젊은 남자가 좋아할 선물을 추천해 주실 수 있는지요.
- ☐ 저는 엄마가 오래 간직할 수 있는 선물을 생각하고 있어요.
- ☐ 이 아이스 와인들은 터무니없이 값이 비싼 것 같아요.
- ☐ 저 색깔 좀 보세요! 에메랄드 빛이에요. 왜 저런 색깔인지 아세요?

- ☐ 와! 정말 놀랍네요! 늘 이렇게 아름다운 색깔로 있나요?
- ☐ 이 여름에 볼 수 있어서 우리는 무지 운이 좋은 거네요.
- ☐ 아이스 와인요? 그게 뭔데요? 한번도 들어 본 적이 없어서요.

UNIT 14

공연 티켓 예매하고 관람하기

단어만 알아도 안심이 돼요.

실제 공연 티켓을 예매하고 구매하는 상황에서 꼭 알아야 하는 건 아래 단어만으로도 충분해요. 정확하게 말할 수 있게 발음을 듣고 따라 해 보세요.

SINGLE WORDS

기막히게 멋진	awesome
물을 주제로 한	water-themed
묘기	stunt
입장	admission
공연	performance
중간 휴식 시간	intermission
노인들	seniors
사다, 구매하다	purchase
안내 전단	leaflet
신분증	ID
쇼	show

COMBO PHRASES

기막히게 멋진 무대	awesome stage
물을 주제로 한 쇼	water-themed show
오토바이 묘기	motorbike stunt
입장료	admission fee
환상적인 공연	the fantastic performance
중간 휴식 시간에	at intermission
경로 할인	discount for seniors
표를 두 장 구매하다	purchase two tickets
쇼 안내 전단	show leaflet
사진이 있는 신분증	photo ID
가서 그 쇼를 보다	go see the show

뼈대 문장 익히기

여행에 필요한 뼈대 문장을 익혀 보아요. 머릿속에서만 맴돌던 영어 문장이 입에서 터져 나와요.

뼈대 문장 1

I would like three tickets for two adults and one kid. 어른 둘, 어린이 하나 해서 표 세 장 주세요.

표 구입 시, I would like 뒤에 원하는 표 매수, 시간, 공연 제목 등을 넣어 다양하게 말할 수 있어요.

다음 단어를 넣어 문장을 쓰고 말해 보세요.

1. 어른 표 두 장 | two tickets for adults
2. 오늘 오후 5시 표 세 장 | three tickets for today's 5 p.m. show
3. 내일 쇼로 표 네 장 | four tickets for tomorrow's show
4. '하우스 오브 댄싱 워터' 표 여섯 장 | six tickets for *The House of Dancing Water*

뼈대 문장 2

I'd like to book two tickets to *The Phantom of the Opera*. '오페라의 유령' 표 두 장 예약하려고요.

I'd like to 뒤에 자기가 원하는 것을 쓰면 돼요. I'd like ~가 뒤에 명사가 오는 반면, 이건 뒤에 동사부터 온다는 것에 주의하세요.

1. 내일 저녁 8시 쇼로 표 세 장 예약하려고요 | book three tickets for tomorrow's 8 p.m. show
2. 어른 표 두 장 구매하려고요 | purchase two adult tickets
3. 할인 표를 구하려고요 | get discounted tickets
4. 쇼 안내 전단을 얻으려고요 | have a show leaflet

UNIT 14 공연 티켓 예매하고 관람하기

뼈대 문장 3

I would like to take seats for level B.

레벨 B 좌석에 앉고 싶어요.

공연에서 좌석의 위치도 상당히 중요합니다. 자신이 앉고 싶은 좌석을 달라고 말할 때는 이렇게 말하세요.

1 앞쪽 | near the front

2 뒤쪽 | near the back

3 중간쯤 | somewhere in the middle

4 앞에서 두 번째 | in the first two rows

뼈대 문장 4

Are there any discounts for seniors?

경로 할인이 되나요?

의외로 찾아보면 할인 대상에 해당되는 경우가 꽤 있어요. 꼭 잊지 말고 물어보세요.

1 65세 이상이면 | people over 65

2 7세 미만 어린이면 | children under 7

3 학생 | students

4 단체 | groups

뼈대 문장 5 | What's this musical about?
이 뮤지컬은 내용이 뭐예요?

제목만 보고서는 어떤 내용의 공연인지 잘 모르겠을 때 이렇게 물어보면 됩니다.

1 '웨스트 사이드 스토리'는 | West Side Story ☐ ☐ ☐

2 '미녀와 야수'는 | Beauty and the Beast ☐ ☐ ☐

3 '캣츠'는 | Cats ☐ ☐ ☐

4 '미스 사이공'은 | Miss Saigon ☐ ☐ ☐

뼈대 문장 6 | Could you say that again, please?
다시 한 번 말씀해 주실래요?

너무 빨리 말하거나 작게 말해서 다시 부탁해야 할 때, Could you ~?를 써서 물어보세요. Can you ~? 보다 훨씬 정중한 느낌을 줍니다.

1 더 천천히 말씀해 | speak more slowly ☐ ☐ ☐

2 더 크게 말씀해 | speak louder ☐ ☐ ☐

3 말씀하신 걸 좀 써 | write down* what you said ☐ ☐ ☐

4 그걸 좀 써 | write it down ☐ ☐ ☐

*write down: 필기하다

뼈대 문장 7

What time does the show finish?
쇼가 몇 시에 끝나요?

쇼 한번 보려면 언제 시작하고 끝나는지, 공연 시간은 얼마나 되는지, 중간 휴식 시간은 언제인지 알아야 할 게 많습니다. 하지만 이 표현으로 응용해서 연습하면 궁금한 사항을 얼마든지 물어볼 수 있어요.

1 몇 시에 시작하나요? | What time ~ start ☐ ☐ ☐

2 중간 휴식 시간이 몇 시인가요? | What time ~ have intermission ☐ ☐ ☐

3 공연 시간이 얼마나 되나요? | How long ~ run ☐ ☐ ☐

4 공연 횟수가 얼마나 되나요? | How often ~ run ☐ ☐ ☐

뼈대 문장 8

Do you sell caramel popcorn?
캐러멜 팝콘 파나요?

공연 중간의 휴식 시간에 매점에서 파는 것들을 물어볼 때 쓸 수 있어요. 꼭 여기가 아니더라도 상점에 들어가서 특정 물건을 파는지 물어볼 때도 유용하게 쓸 수 있답니다.

1 프링글스 | Pringles ☐ ☐ ☐

2 츄러스 | Churros ☐ ☐ ☐

3 마운틴듀 | Mountain Dew ☐ ☐ ☐

4 닥터페퍼 | Dr. Pepper ☐ ☐ ☐

실전 회화

실제 공연장에서 티켓을 구매할 때의 대화는 어떻게 이뤄질까요? 알아듣는 게 중요한 문장과 말하는 게 중요한 문장에 주의하면서 들어 보세요.

Dialog 1 극장 매표소에서 당일 공연 티켓 두 장 구입하기

안녕하세요. 쇼 티켓 두 장 주세요.
Hi! Two tickets for the show please.

매표소 직원: 오늘 쇼 티켓 구입하시는 거죠?
CASHIER: Are you purchasing tickets for today's shows?

네.
Yes, I am.

매표소 직원: 오후 5시, 8시 쇼가 있는데, 어떤 걸로 하시겠어요?
CASHIER: We have a 5 p.m. show and an 8 p.m. show. What would you like?

8시 거요. 레벨 B 좌석으로 주세요.
8 p.m. please. I would like to take seats for level B.

매표소 직원: 네. 레벨 B에 성인 티켓 두 장이죠?
CASHIER: Sure. Is that going to be two tickets for adults at level B?

네. 그런데 혹시 경로 할인도 되나요?
Yes. By the way, are there any discounts for seniors?

매표소 직원: 60세 이상이고 사진 신분증을 제시하시면 10% 할인해 드려요.
CASHIER: If the person is over 60 years old and can provide a photo ID, we can give a 10% discount.

잘 됐네요. 사진 신분증 여기 있어요.
Awesome. Here is a photo ID.

매표소 직원: 총 금액은 1,482 홍콩 달러입니다. 감사합니다.
CASHIER: The total comes to 1,482 HK dollars. Thank you.

The total comes to ~: 총액이 ~이다

UNIT 14 공연 티켓 예매하고 관람하기

Dialog 2 '하우스 오브 댄싱 워터 쇼' 티켓 여섯 장 예매하기

매표소 직원: 어서 오세요.
CASHIER: How may I help you?

내일 오후 5시에 공연하는 '하우스 오브 댄싱 워터 쇼' 티켓 6장 주세요.
I would like 6 tickets for tomorrow's 5 p.m. *House of Dancing Water Show.*

매표소 직원: 네. 6장 모두 성인표인가요?
CASHIER: Sure. Are all 6 tickets for adults?

아뇨, 어른 4명에 어린이 2명이에요.
No. It's going to be 4 adults and 2 kids.

직원: 그럼 내일 오후 5시 쇼 티켓 6장에 어른 4명 어린이 2명이죠?
CASHIER: So 6 tickets for tomorrow's 5 p.m. show and 4 adults and 2 children, right?

맞아요.
That is correct.

매표소 직원: 좌석들이 떨어져 있어도 괜찮으세요?
CASHIER: Are split seats okay?

아뇨, 다 같이 앉고 싶어요.
No, we want to sit all together.

직원: 알겠습니다. 티켓 여기 있습니다. 내일 쇼 시작하기 최소 10분 전까지 오세요. 표 잊지 말고 지참하시고요.
CASHIER: All right. Here are your tickets. Tomorrow, please be here at least 10 minutes prior to the show time. Don't forget to bring the tickets with you.

네, 고맙습니다.
I won't. Thanks.

실전 말하기 훈련

많이 듣고 말해 본 사람이 실전에도 강합니다. 뼈대 문장 훈련으로 워밍업이 됐다면 실전 회화 속 주요 문장을 큰 소리로 말해 보세요.

레벨 B 좌석으로 주세요.
I would like to take seats for level B.

그런데 혹시 경로 할인도 되나요?
By the way, are there any discounts for seniors?

60세 이상이고 사진 신분증을 제시하시면 10% 할인해 드려요.
If the person is over 60 years old and can provide a photo ID, we can give a 10% discount.

내일 오후 5시에 공연하는 '하우스 오브 댄싱 워터 쇼' 티켓 6장 주세요.
I would like 6 tickets for tomorrow's 5 p.m. *House of Dancing Water Show*.

아뇨. 어른 4명에 어린이 2명이에요.
No. It's going to be 4 adults and 2 kids.

좌석들이 떨어져 있어도 괜찮으세요?
Are split seats okay?

아뇨, 다 같이 앉고 싶어요.
No, we want to sit all together.

내일 쇼 시작하기 최소 10분 전까지 오세요.
Tomorrow, please be here at least 10 minutes prior to the show time.

표 잊지 말고 지참하시고요.
Don't forget to bring the tickets with you.

보고 바로 말하기

실제 상황에서는 우리말 문장과 동시에 영어가 떠올라야 해요. 우리말 문장을 보고 영어로 바로 말해 보세요.

☐ 어른 둘, 어린이 하나 해서 표 세 장 주세요.

☐ '오페라의 유령' 표 두 장 예약하려고요.

☐ 레벨 B 좌석에 앉고 싶어요.

☐ 경로 할인이 되나요?

☐ 이 뮤지컬은 내용이 뭐예요?

☐ 다시 한 번 말씀해 주실래요?

☐ 쇼가 몇 시에 끝나요?

☐ 캐러멜 팝콘 파나요?

☐ 60세 이상이고 사진 신분증을 제시하시면 10% 할인해 드려요.

☐ 어른 4명에 어린이 2명이에요.

☐ 좌석들이 떨어져 있어도 괜찮으세요?

☐ 아뇨, 다 같이 앉고 싶어요.

UNIT 15

스테이크 주문하고,
남은 음식 포장 부탁하며 계산하기

단어만 알아도 안심이 돼요.

실제 레스토랑에서 음식 주문과 관련해 꼭 알아야 하는 건 아래 단어만으로도 충분해요. 정확하게 말할 수 있게 발음을 듣고 따라 해 보세요.

SINGLE WORDS

(고기의) 등심	sirloin
(고기의) 안심	tenderloin[1]
함께 나눠 먹다	share
잡곡	multigrain
통밀	whole wheat
소스	dressing[2]
(남은 음식을) 싸 가다	doggy bag (v.)
다시 채워 주는	refillable
약간 바싹 익힌	medium-well
계산서	bill

COMBO PHRASES

등심 스테이크	sirloin steak
쇠고기 안심 스테이크	beef tenderloin steak
시저 샐러드를 나눠 먹다	share a Caesar salad
잡곡 빵	multigrain bread
통밀 빵	whole wheat bread
샐러드 소스	salad dressing
나머지 음식을 싸 가다	doggy bag the rest of the food
커피 리필해 드립니다.	The coffee is refillable.
스테이크를 약간 바싹 익혀 주세요.	I'd like my steak medium-well.
계산서를 가져오다	bring the bill

1 등심보다 더 부드러운(tender) 부위라서 tender가 붙었습니다.
2 보통 기름, 식초, 소금, 후추 등으로 만드는 소스를 드레싱이라고 해요.

뼈대 문장 익히기

여행에 필요한 뼈대 문장을 익혀 보아요. 머릿속에서만 맴돌던 영어 문장이 입에서 터져 나와요.

뼈대 문장 1

I have a reservation for two.
두 사람 예약이 돼 있는데요.

우리나라와 달리 스테이크 등을 파는 고급 레스토랑은 예약이 필수입니다. 식당 입구에 들어서서 예약 여부를 말할 때 필요한 표현입니다.

다음 단어를 넣어 문장을 쓰고 말해 보세요.

1 네 사람 | for four people
2 오늘 밤 | for tonight
3 오늘 저녁 7시로 | for 7 o'clock tonight
4 6시에 세 사람 | for three at 6

뼈대 문장 2

I am ready to order.
이제 주문할게요.

식당에 들어가면 메뉴를 보고 주문을 해야겠죠? 웨이터나 웨이트리스가 주문 받으러 올 때 할 수 있는 표현입니다.

1 이제 시킬게요 | am ready
2 아직 주문할 준비가 안 됐어요 | am not ready to order yet*
3 아직 결정 못했어요 | haven't decided yet
4 뭘 먹고 싶은 건지 아직 모르겠어요 | haven't figured out** what I want yet

*yet: 아직 (부정문에서 쓰임)   **figure out: 이해하다, 알아내다

UNIT 15 스테이크 주문하고, 남은 음식 포장 부탁하며 계산하기

뼈대 문장 3

I'll take a prime rib steak.

프라임 립 스테이크로 할게요.

식당에서 '~로 할게요'라고 할 때 I'll take ~라고 한 다음 주문할 음식을 말하면 됩니다. take에도 '먹다'의 뜻이 있어요.

1 립아이 스테이크 작은 걸로 | a small rib-eye steak

2 티본 스테이크와 새우가 함께 나오는 걸로 | a T-bone steak & shrimp

3 참새우를 곁들인 뉴욕 스트립 스테이크로 | a New York strip steak with prawns

4 7번 메뉴로 | the number 7

뼈대 문장 4

I'd like my steak medium-well.

스테이크를 약간 바싹 익혀 주세요.

〈I'd like A B〉는 'A가 B였으면 좋겠다'의 뜻이에요. 즉, 'A는 B로 해주세요'로 이해하면 쉽습니다.

1 덜 익혀 | rare

2 적당히 익혀 | medium

3 약간 덜 익혀 | medium-rare

4 바싹 익혀 | well-done

뼈대 문장 5

We'd like two porterhouse steaks and a Caesar salad to share.

포터하우스 스테이크 두 개랑 시저 샐러드는 하나만 시켜서 나눠 먹을 거예요.

porterhouse steak는 고급 비프 스테이크를 말해요. to share는 앞에 나온 a Caesar salad를 꾸며 주는 말로 직역하면 '포터하우스 스테이크 두 개랑 나눠 먹을 시저 샐러드 하나 주세요'입니다.

1 케이준 치킨 샐러드는 | a Cajun chicken salad

2 그리스식 샐러드는 | a Greek salad

3 시금치 샐러드는 | a spinach salad

4 감자 샐러드는 | a potato salad

뼈대 문장 6

Let me have Thousand Island dressing for my salad.

샐러드 소스는 싸우전드 아일랜드 드레싱으로 할게요.

'~로 할게요'는 여러 가지로 표현할 수 있는데, 그 중 하나가 〈Let me have ~〉예요. 직역하면 '내가 먹게 해달라'인데 '내가 ~을 먹겠다'의 뜻입니다.

1 이탈리아 드레싱으로 | Italian dressing*

2 하우스 드레싱으로 | house dressing**

3 랜치 드레싱으로 | ranch dressing***

4 와사비 드레싱으로 | wasabi dressing

*Italian dressing: 마늘·오리건(origan)으로 맛을 낸 샐러드 드레싱　**house dressing: 식당 자체에서 만든 드레싱
***ranch dressing: 마요네즈와 버터밀크를 섞어 만든 흰색의 샐러드 드레싱

뼈대 문장 7 — Is the pop refillable?
탄산음료 리필해 주시나요?

커피숍 등에서 '리필해 주시나요?'라고 많이 물어보는데, 이때는 refillable(리필이 가능한, 리필을 해주는)로 표현합니다. 참고로 '탄산음료'는 soda 외에 pop이라고도 표현합니다.

1 커피 | the coffee

2 차 | the tea

3 콜라 | the Coke

4 와인 | the wine

단어 앞에 **the**가 붙은 것은 다른 게 아닌 내가 시킨 '그' 음료의 리필 여부를 묻기 때문입니다.

뼈대 문장 8 — Could you wrap the rest of the food?
나머지 음식을 싸 주시겠어요?

예전에는 '남은 음식을 싸 가다'의 뜻으로 doggy bag을 많이 썼지만, 요즘은 동사 wrap을 쓰는 추세입니다.

1 나머지를 | the rest*

2 이걸 | this

3 남은 음식을 | the leftovers

4 남은 스테이크를 | the leftover** steak

*rest: 나머지
**leftover: 남은 (음식)

실전 회화

Dialog 1 레스토랑에서 웨이트리스에게 스테이크와 샐러드 주문하기

웨이트리스: 안녕하세요. 음료는 뭐로 하시겠어요?
WAITRESS: Good evening, what would you like to drink?

저는 물에 레몬 한 조각 넣어서 주시고, 제 친구는 진저에일로 할게요. 그런데 탄산음료 리필해 주시나요?
I'd like water with a slice of lemon and my friend would like a ginger ale, please. By the way, is the pop refillable?

웨이트리스: 죄송하지만, 탄산음료는 리필이 안 됩니다. 다시 와서 식사 주문 받겠습니다.
WAITRESS: I'm sorry, but the pop is not refillable. I'll be right back for your dinner order.

(몇 분 후)
(A few minutes later)

웨이트리스: 뭐 드실지 결정하셨어요?
WAITRESS: Have you decided what you'd like?

뉴욕 등심 스테이크 두 개랑 시저 샐러드는 하나 시켜 나눠 먹을 거예요.
We would like two New York sirloins and a Caesar salad to share.

웨이트리스: 스테이크는 어떻게 해드릴까요?
WAITRESS: How would you like your steaks?

저는 약간 덜 익혀 주시고, 제 친구는 바싹 익혀 주세요. 아, 샐러드 소스는 싸우전드 아일랜드로 부탁드릴게요.
I'd like a medium-rare and my friend would prefer well-done. Oh, I'd like to request Thousand Island dressing for our salad.

웨이트리스: 네, 그렇게 해드릴게요.
WAITRESS: Sure, we can do that for you.

UNIT 15 스테이크 주문하고, 남은 음식 포장 부탁하며 계산하기

Dialog 2 남은 음식 포장을 부탁하며 음식값 지불하기

웨이트리스: 물 좀 더 드릴까요?
WAITRESS: Would you like more water?

아뇨, 됐습니다. 나머지 음식은 집에 가져가게 싸 주실래요? 너무 배가 불러서요.
No thanks. Could we doggy bag the rest of the food home? We are so full.

웨이트리스: 알겠습니다.
WAITRESS: Sure.

(몇 분 후에 남은 음식을 가지고)
(A few minutes later with the leftovers)

웨이트리스: 여기 있습니다.
WAITRESS: Here you go.

정말 감사합니다. 계산서 좀 갖다 주실래요?
Thank you so much! Could we get our bill, please?

웨이트리스: 네. 계산서를 하나로 해드릴까요, 두 개로 해드릴까요?
WAITRESS: Sure. Is it one bill or two?

계산서를 따로 해 주시겠어요?
Could we have separate bills, please?

웨이트리스: 알겠습니다. 카드 기계를 이리로 가져올까요?
WAITRESS: Sure. Do you want me to bring the machine here?

네, 그렇게 해주세요.
Yes, please.

Do you want me to ~?: 제가 ~하기를 원하세요? 즉, 제가 ~할까요?

많이 듣고 말해 본 사람이 실전에도 강합니다. 뼈대 문장 훈련으로 워밍업이 됐다면 실전 회화 속 주요 문장을 큰 소리로 말해 보세요.

저는 물에 레몬 한 조각 넣어서 주시고, 제 친구는 진저 에일로 할게요.
I'd like water with a slice of lemon and my friend would like a ginger ale, please. ☐ ☐ ☐

그런데 탄산음료 리필해 주시나요?
By the way, is the pop refillable? ☐ ☐ ☐

탄산음료는 리필이 안 됩니다.
The pop is not refillable. ☐ ☐ ☐

다시 와서 식사 주문 받겠습니다.
I'll be right back for your dinner order. ☐ ☐ ☐

뉴욕 등심 스테이크 두 개랑 시저 샐러드는 하나 시켜 나눠 먹을 거예요.
We would like two New York sirloins and a Caesar salad to share. ☐ ☐ ☐

저는 약간 덜 익혀 주시고, 제 친구는 바싹 익혀 주세요.
I'd like a medium-rare and my friend would prefer well-done. ☐ ☐ ☐

샐러드 소스는 싸우전드 아일랜드로 부탁드릴게요.
I'd like to request Thousand Island dressing for our salad. ☐ ☐ ☐

나머지 음식은 집에 가져가게 싸 주실래요? 너무 배가 불러서요.
Could we doggy bag the rest of the food home? We are so full. ☐ ☐ ☐

계산서 좀 갖다 주실래요?
Could we get our bill, please? ☐ ☐ ☐

계산서를 따로 해 주시겠어요?
Could we have separate bills, please? ☐ ☐ ☐

네. 그렇게 해주세요.
Yes, please. ☐ ☐ ☐

보고 바로 말하기

실제 상황에서는 우리말 문장과 동시에 영어가 떠올라야 해요. 우리말 문장을 보고 영어로 바로 말해 보세요.

- [ ] 두 사람 예약이 돼 있는데요.
- [ ] 이제 주문할게요.
- [ ] 프라임 립 스테이크로 할게요.
- [ ] 스테이크를 약간 바싹 익혀 주세요.
- [ ] 포터하우스 스테이크 두 개랑 시저 샐러드는 하나만 시켜서 나눠 먹을 거예요.

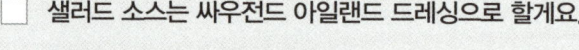

- [ ] 샐러드 소스는 싸우전드 아일랜드 드레싱으로 할게요.
- [ ] 탄산음료 리필해 주시나요?
- [ ] 나머지 음식을 싸 주시겠어요?
- [ ] 저는 물에 레몬 한 조각 넣어서 주시고, 제 친구는 진저에일로 할게요.
- [ ] 계산서 좀 갖다 주실래요?
- [ ] 계산서를 따로 해 주시겠어요?

뽀나스 ~
레스토랑에서 주문 시 꼭 알아야 할 다섯 가지

 비영어권 사람들이 레스토랑에서 주문 시 웨이터의 말을 잘 못 알아듣거나 당황하는 경우는 흔히 빵, 계란, 감자, 스테이크, 드레싱에 관한 질문을 받을 때이다. 따라서 웨이터의 질문을 이해하고 여유 있게 답하려면 다음 표현과 단어는 필수로 알아두어야 한다.

1 Bread 종류
- **white** 흰빵
- **brown** 갈색빵
- **wheat** 밀빵
- **whole wheat** 통밀빵
- **whole grain** 통곡물빵
- **multigrain** 잡곡빵
- **sourdough** 발효시켜 시큼한 맛이 나는 빵

2 Egg 요리
- **sunny side up** 한쪽만 프라이 하여 노른자가 올라온 계란
- **over easy** 노른자위를 살짝 익힌 계란
- **over hard** 노른자위를 바싹 익힌 계란
- **scrambled egg** 계란을 휘저어서 부친 것
- **poached egg** 끓는 물에 달걀을 깨어서 반숙한 것

3 Potato 요리
- **(French) fries** 길쭉한 감자튀김
- **baked potato** 반으로 갈라 오븐에 구운 감자
- **roasted potato** 통으로 구운 감자
- **grilled potato** 석쇠에 구운 감자
- **mashed potato** 으깬 감자
- **hash browns** 다진 감자와 양파를 섞어 노릇하게 지진 요리

Steak 굽기

rare 양면을 1분 가열하여 구운 스테이크
medium-rare 양면을 2분 가열하여 구운 스테이크
medium 양면을 3분 가열하여 구운 스테이크
medium-well 양면을 4분 가열하여 약간 바싹 구운 스테이크
well-done 양면을 5분 가열하여 바싹 구운 스테이크

Dressing 종류

Thousand Island 싸우전드 아일랜드 드레싱: 마요네즈에 올리브 오일, 레몬 주스, 오렌지 주스, 파프리카, 우스터셔 소스, 머스터드, 식초, 크림, 칠리 소스, 토마토 퓌레, 케첩, 타바스코 소스를 넣고 만든 드레싱

Caesar dressing 시저 드레싱: 계란 노른자, 올리브유, 파마산 치즈가루, 엔초비, 다진 마늘과 레몬즙으로 만든 드레싱

Italian dressing 이탈리아 드레싱: 마늘·오리건(origan)으로 맛을 낸 샐러드 드레싱
French dressing 프렌치 드레싱: 기름과 식초를 베이스로 한 샐러드 드레싱
Greek dressing 그리스 드레싱: 올리브 오일과 식초, 각종 다양한 허브와 양념이 들어간 드레싱
Ranch dressing 랜치 드레싱: 마요네즈와 버터밀크를 섞어 만든 흰색의 샐러드 드레싱
Blue Cheese dressing 블루 치즈 드레싱: 푸른곰팡이 선이 나 있는 치즈가 들어간 드레싱

UNIT 16

스파게티 주문하고, 팁과 할인에 대해 묻기

단어만 알아도 안심이 돼요.

실제 스파게티를 시킬 때와 팁 관련해 꼭 알아야 하는 건 아래 단어만으로도 충분해요. 정확하게 말할 수 있게 발음을 듣고 따라 해 보세요.

SINGLE WORDS

전채 요리	appetizer
참새우	prawn
가리비	scallop
(대합) 조개	clam
맛있는	delicious
후식	dessert
음료	beverage
지불하다	pay
팁 주기	tipping
할인	discount
~을 놔두다	leave

COMBO PHRASES

가볍고 몸에 좋은 전채 요리	light and healthy appetizer
요리한 참새우의 껍질을 까다	peel a cooked prawn
냉동 가리비	frozen scallop
(대합) 조개 크림 수프	clam chowder
맛있는 치즈 케이크	delicious cheesecake
디저트용 건포도	dessert raisin[1]
시원한 음료	cold beverage[2]
신용카드로 지불하다	pay with credit card[3]
팁 주기 예절	tipping etiquette
10% 할인을 받다	get a 10% discount
팁을 테이블에 놔두다	leave your tip[4] on the table

[1] 건포도는 dried grape가 아니라 raisin이라고 합니다.
[2] beverage는 drink의 격식을 갖춘 말로 물을 제외한 음료를 뜻해요.
[3] '현금으로 내다'는 pay cash
[4] '팁을 주다'는 give a tip

뼈대 문장 익히기

여행에 필요한 뼈대 문장을 익혀 보아요. 머릿속에서만 맴돌던 영어 문장이 입에서 터져 나와요.

뼈대 문장 1

Do you have a table for two?
두 사람 앉을 자리 있습니까?

예약을 하지 않고 들어간 식당. 먼저 자리가 있는지 물어봐야겠죠? 이렇게 물어보면 OK!

다음 단어를 넣어 문장을 쓰고 말해 보세요.

1 금연석 자리 | a non-smoking table ☐☐☐

2 창가 쪽으로 자리 | a table by the window ☐☐☐

3 조용한 구석 자리 | a quiet corner table ☐☐☐

4 세 사람이 앉을 구석 자리 | a corner table for three ☐☐☐

뼈대 문장 2

We need a couple more minutes.
이삼 분만 더 기다려 주세요.

식당 측 또는 손님 측에서 할 수 있는 말입니다. 곧 자리가 날 것 같다거나 메뉴 선정이 안 돼서 기다려 달라고 할 때 이렇게 표현합니다.

1 결정하게 이삼 분만 더 | a couple more minutes to decide ☐☐☐

2 몇 분만 더 | a few more minutes ☐☐☐

3 조금만 더 | a little more time ☐☐☐

4 결정하게 조금만 더 | a little more time to decide ☐☐☐

뼈대 문장 3

I'll have the seafood spaghetti.

해산물 스파게티로 할게요.

이때의 have는 '먹다'의 뜻이에요. 식당에서 먹을 거라고 말하는 건 결국 그걸로 주문하겠다는 뜻입니다.

1 미트볼이 들어 있는 스파게티로 | the spaghetti with meatballs

2 시금치 라자냐로 | the spinach lasagna*

3 저도 똑 같은 걸로 | the same

4 저기 남자가 먹는 걸로 | what he's having

*lasagna: 파스타, 치즈, 고기, 토마토 소스 등으로 만드는 이탈리아 요리

뼈대 문장 4

I would like a baked potato with that.

거기 곁들여서 구운 감자 주세요.

with의 쓰임새에 주의하세요. 음식 주문할 때 with ~를 쓰면 '~를 곁들인'의 뜻이 돼요.

1 으깬 감자 | mashed potatoes

2 감자튀김 | fries

3 해쉬 브라운 | hash browns

4 감자 샐러드 | a potato salad

뼈대 문장 5

Does it come with a salad?
샐러드도 함께 나오나요?

음식 구성이 궁금할 때 쓸 수 있어요. 우리말처럼 영어도 come (오다, 나오다)을 쓰기 때문에 쉽게 쓸 수 있을 거예요.

1 수프도 | a soup ☐ ☐ ☐

2 그레이비 소스도 | some gravy* ☐ ☐ ☐

3 빵도 | bread ☐ ☐ ☐

4 탄산음료도 | a soda ☐ ☐ ☐

*gravy: 고기를 익힐 때 나온 육즙에 밀가루 등을 넣어 만든 소스

뼈대 문장 6

Can I have another glass of water, please?
물 한 잔 더 주실래요?

Can I ~?는 '제가 ~해도 되나요?'의 뜻이지만, 식당에서 Can I have ~?라고 쓰면 원하는 걸 갖다 줄 수 있는지 묻는 표현입니다.

1 접시 하나 더 | an extra* plate ☐ ☐ ☐

2 버터 좀 | some butter ☐ ☐ ☐

3 빵 좀 더 | some more bread ☐ ☐ ☐

4 접시 옆에 케첩 좀 | some ketchup on the side ☐ ☐ ☐

*extra: 여분의

UNIT 16 스파게티 주문하고, 팁과 할인에 대해 묻기

뼈대 문장 7

We would like a dessert to share.
저희는 디저트를 시켜서 나눠 먹을 거예요.

〈We would like+음식명+to share〉 표현을 외워 두세요. 시켜서 나눠 먹을 거라는 걸 뜻하는 아주 유용한 표현입니다.

1 치즈 케이크를 | a cheesecake

2 티라미수 케이크를 | a tiramisu* cake

3 초콜릿 아이스크림을 | a chocolate ice cream

4 옆에 아이스크림을 곁들인 애플파이를 | an apple pie with ice cream on the side

*tiramisu: 커피, 카카오, 마스카르포네 치즈 등의 재료로 만든 이탈리아의 디저트

뼈대 문장 8

Please, bring the bill.
계산서 갖다 주세요.

음식을 다 먹은 후에는 이렇게 말씀하시면 됩니다.

1 제 계산서 | my bill*

2 계산서를 제게 | me the check*

3 계산서를 각각 따로 | separate bills

4 카드 기계를 이리 | the machine here

*'계산서'는 영어로 bill 또는 check라고 해요.

실전 회화

다양한 종류 중에서 스파게티 하나를 골라 주문하고 식사 후의 대화는 어떻게 이뤄질까요? 알아듣는 게 중요한 문장과 말하는 게 중요한 문장에 주의하면서 들어 보세요.

Dialog 1 이탈리아 레스토랑에서 해산물 스파게티 주문하기

웨이터: 뭐 드시겠어요?
WAITER: What can I get for you?

해산물 스파게티로 주세요.
I would like the seafood spaghetti please.

웨이터: 토마토 소스로 하시겠어요, 알프레도 소스로 하시겠어요?
WAITER: Do you want tomato or Alfredo sauce?

알프레도가 크림 소스 맞죠?
Alfredo is the cream sauce, right?

웨이터: 네, 맞습니다.
WAITER: Yes, it is.

알프레도 소스 스파게티로 주세요.
I would like to have my spaghetti with the Alfredo sauce, please.

웨이터: 알겠습니다. 그 밖에 또 필요한 것 있으세요?
WAITER: Absolutely! Anything else for you?

질문이요. 스파게티에 어떤 해산물이 들어 있나요?
I have a question. What kind of seafood is in the spaghetti?

웨이터: 참새우, 가리비, 대합 조개가 있습니다.
WAITER: Prawns, scallops, and clams.

맛있겠네요! 감사합니다.
Sounds delicious! Thank you.

What can I get for you?: (식당에서) 뭐 드시겠어요?
seafood: 해산물　　**sound:** ~하게 들리다

Dialog 2   식사 후 웨이터에게 팁과 할인 등을 물어보며 음식값 지불하기

웨이터: 불편한 점은 없으셨어요?
WAITER: Are you doing all right here?

네, 맛있었어요! 감사합니다. 저희 계산서 좀 갖다 주실래요?
Yes, it was delicious! Thank you. Could we get our bill, please?

웨이터: 계산서를 하나로 드릴까요, 따로따로 드릴까요?
WAITER: One bill or separate bills?

하나로 주세요. 팁에 대해 좀 물어봐도 될까요? 제가 익숙하지 않아서요.
One bill please. Could I ask you about tips? I am not familiar with it.

웨이터: 손님 마음이지만, 보통 팁은 총 금액의 15% 정도예요.
WAITER: It's up to you, but normally it is 15% of the total.

알겠습니다. 혹시 할인 받을 수 있는 방법이 있나요?
I see. Is there any way to get a discount here?

웨이터: 아쉽게도 저희는 할인은 해드리지 않습니다. 죄송합니다.
WAITER: Unfortunately, we don't give discounts. Sorry.

괜찮습니다. 그냥 궁금해서요.
That's okay. I was just wondering.

웨이터: 현금으로 하시겠어요, 카드로 하시겠어요?
WAITER: Will that be cash or credit card?

신용카드로 할게요.
Credit, please.

Are you doing all right?: (식당에서 종업원이) 불편한 점은 없으셨나요?
be familiar with ~: ~에 익숙하다
It's up to ~: 그건 ~에게 달려 있다
the total: 총액

실전 말하기 훈련

많이 듣고 말해 본 사람이 실전에도 강합니다. 뼈대 문장 훈련으로 워밍업이 됐다면 실전 회화 속 주요 문장을 큰 소리로 말해 보세요.

해산물 스파게티로 주세요.
I would like the seafood spaghetti please.

알프레도가 크림 소스 맞죠?
Alfredo is the cream sauce, right?

알프레도 소스 스파게티로 주세요.
I would like to have my spaghetti with the Alfredo sauce, please.

질문이요. 스파게티에 어떤 해산물이 들어 있나요?
I have a question. What kind of seafood is in the spaghetti?

맛있겠네요! 감사합니다.
Sounds delicious! Thank you.

네, 맛있었어요. 감사합니다. 저희 계산서 좀 갖다 주실래요?
Yes, it was delicious! Thank you. Could we get our bill, please?

하나로 주세요. 팁에 대해 좀 물어봐도 될까요? 제가 익숙하지 않아서요.
One bill please. Could I ask you about tips? I am not familiar with it.

알겠습니다. 혹시 할인 받을 수 있는 방법이 있나요?
I see. Is there any way to get a discount here?

괜찮습니다. 그냥 궁금해서요.
That's okay. I was just wondering.

신용카드로 할게요.
Credit, please.

UNIT 16 스파게티 주문하고, 팁과 할인에 대해 묻기

보고 바로 말하기

실제 상황에서는 우리말 문장과 동시에 영어가 떠올라야 해요. 우리말 문장을 보고 영어로 바로 말해 보세요.

- ☐ 두 사람 앉을 자리 있습니까?
- ☐ 이삼 분만 더 기다려 주세요.
- ☐ 해산물 스파게티로 할게요.
- ☐ 거기 곁들여서 구운 감자 주세요.
- ☐ 샐러드도 함께 나오나요?

- ☐ 물 한 잔 더 주실래요?
- ☐ 우리는 디저트를 시켜 나눠 먹을 거예요.
- ☐ 계산서 갖다 주세요.
- ☐ 알프레도가 크림 소스 맞죠?
- ☐ 스파게티에 어떤 해산물이 들어 있나요?
- ☐ 팁에 대해 좀 물어봐도 될까요? 제가 익숙하지 않아서요.
- ☐ 혹시 할인 받을 수 있는 방법이 있나요?

UNIT 17

중국·포르투갈 음식점에서
이국의 맛 체험하기

단어만 알아도 안심이 돼요.

실제 중국 음식점 등 관광국가 쪽에서도 이국적인 식당에서 꼭 알아야 하는 건 아래 단어만으로도 충분해요. 정확하게 말할 수 있게 발음을 듣고 따라 해 보세요.

SINGLE WORDS

한번 먹어 보다	try
요리, 요리법	cuisine
…한 맛이 나다	taste
(중국식) 만두	dumpling
새우	shrimp
마늘	garlic
속을 채운	stuffed
이국적인	exotic
양념 맛이 강한	spicy
(음식) 재료	ingredients

COMBO PHRASES

완탕 수프를 한번 먹어 보다	try wonton soup[1]
광동 요리	Cantonese[2] cuisine
신 맛이 나다	taste sour
맛있는 만두	tasty dumpling
새우 딤섬	shrimp dimsum
마늘이 안에 들어 있다	have garlic in it
속을 채운 오징어	stuffed squid
이국적인 음식	exotic food
양념 맛이 강한 음식	spicy[3] food
자연에서 재배한 재료	natural ingredients

---

1 wonton soup는 중국식 만둣국이에요.
2 중국의 '광동지방'은 영어로 Canton, Cantonese로 표기합니다.
3 spicy는 '매콤한 맛이 나는'의 뜻도 있어요.

뼈대 문장 익히기

여행에 필요한 뼈대 문장을 익혀 보아요. 머릿속에서만 맴돌던 영어 문장이 입에서 터져 나와요.

뼈대 문장 1
It's my first time trying Portuguese dishes.
포르투갈 요리는 처음 먹어 보는 거예요.

여행이 주는 즐거움 중 하나는 새로운 음식을 맛보는 겁니다. 태어나 처음 먹어 보는 음식 앞에서 쓸 수 있는 표현이에요.

다음 단어를 넣어 문장을 쓰고 말해 보세요.

1 스페인 요리는 | Spanish dishes

2 정통 광동 요리는 | authentic* Cantonese cuisine

3 오징어 스튜는 | squid stew

4 대구 케이크는 | cod** cakes

*authentic: 진짜의, 정확한   **cod: (생선) 대구

뼈대 문장 2
Do you have any recommendations?
추천할 만한 게 혹시 있나요?

이렇게 단어 앞에 any를 붙이면 우리말의 '혹시'에 해당하는 어감을 더하게 됩니다.

1 특선 메뉴가 혹시 | any specials

2 점심 특선 메뉴가 | a lunch special

3 채식주의자들을 위한 요리가 혹시 | any vegetarian* dishes

4 저칼로리 음식이 혹시 | any low calorie foods

*vegetarian: 채식주의자

UNIT 17 중국·포르투갈 음식점에서 이국의 맛 체험하기   175

뼈대 문장 3

What is the most popular dish here?

여기서 가장 인기 있는 요리가 뭐예요?

낯선 여행지의 이국적인 식당에서 안전하게 메뉴를 고르는 방법 중 하나가 가장 인기 있는 요리를 추천받거나 자기 입맛과 취향에 맞게 물어보는 건데 그때 쓸 수 있어요.

1 가장 매운 | the hottest

2 가장 양념 맛이 강한 | the spiciest

3 가장 비싼 | the most expensive

4 가장 저렴한 | the cheapest

뼈대 문장 4

I don't particularly like dimsum, but I am okay with it.

딤섬을 특별히 좋아하지는 않지만 괜찮아요.

식당에서 파는 메뉴가 자기 마음에 썩 들지는 않지만 그렇다고 다른 식당에 갈 정도로 싫지는 않을 때 쓸 수 있어요. be okay with ~는 '~이라도 괜찮다'의 뜻입니다.

1 완탕 수프를 | wonton soup

2 해산물을 | seafood

3 매운 음식을 | hot food

4 양념 맛이 강한 음식을 | spicy food

뼈대 문장 5

Octopus salad sounds good to me.
문어 샐러드가 좋은 것 같네요.

식당에서 음식 이름을 말하고 sound(s) good를 붙이면 '~가 좋게 들린다' 즉, '~가 주문하기 괜찮을 것 같다'의 뜻이에요. 참고로 문어는 일반적으로 서양에서는 식용으로 꺼리는 재료입니다.

1 정어리 구이가 | Grilled sardines ☐ ☐ ☐

2 레드 와인을 넣은 쇠꼬리 찜이 | Stewed ox tail with red wine ☐ ☐ ☐

3 탕수육이 | Sweet and sour pork ☐ ☐ ☐

4 기름에 튀긴 스프링롤이 | Deep-fried spring rolls ☐ ☐ ☐

*주어가 -(e)s의 복수형으로 끝나면 sounds를 sound로 바꿔 주는 센스가 필요해요.

뼈대 문장 6

I will try seafood dumplings.
해산물이 들어간 만두를 한번 먹어 볼래요.

try는 '시도해 보다' 외에 '(음식을) 한번 먹어 보다, 시식하다'의 뜻이 있습니다.

1 돼지고기와 부추로 만든 만두를 | pork and chive dumplings ☐ ☐ ☐

2 새우와 채소로 만든 만두를 | shrimp and vegetable dumplings ☐ ☐ ☐

3 계란탕을 | egg drop soup ☐ ☐ ☐

4 상어 지느러미 수프를 | shark fin soup ☐ ☐ ☐

뼈대 문장 7 — Is there meat in that?
그 안에 고기가 들었나요?

자기가 좋아하는 혹은 싫어하는 식재료가 들어 있는지 확인할 때 '~ 안에'의 in을 활용하여 쉽게 말할 수 있어요.

1 마늘이 | garlic

2 생강이 | ginger

3 샐러리가 | celery

4 참치가 | tuna

뼈대 문장 8 — Can I add a small wonton soup?
완탕 수프 작은 것 하나 추가해도 되죠?

메인 요리 외에 다른 사이드요리를 추가할 수 있는지 궁금할 때 쓸 수 있습니다. add는 '더하다, 추가하다'의 뜻입니다.

1 레몬 치킨 | lemon chicken

2 채소 볶음밥 | vegetable fried rice

3 소고기 찹수이 | beef chop suey*

4 에그롤 | egg rolls**

*chop suey: 다진 고기와 채소를 볶아 밥과 함께 내는 중국 요리   **egg rolls: 계란말이같이 만든 춘권

실전 회화

실제 중국 음식점 같은 이국적인 레스토랑에서의 대화는 어떻게 이뤄질까요? 알아듣는 게 중요한 문장과 말하는 게 중요한 문장에 주의하면서 들어 보세요.

Dialog 1 중국 식당에서 웨이터의 도움으로 중국 음식 주문하기

웨이터: 주문하시겠어요?
WAITER: Are you ready to order?

여기 딤섬을 좀 먹어 보고 싶은데, 뭘 골라야 할지 모르겠어요. 혹시 추천해 주실 게 있나요?
I would like to try some dimsum here, but I don't know what to choose. Do you have any recommendations?

웨이터: 부추 좋아하세요?
WAITER: Do you like chives?

특별히 좋아하는 건 아니지만 뭐 괜찮아요.
I don't particularly like them, but I am okay with them.

웨이터: 부추가 든 새우 딤섬이 여기서 가장 인기 있는 거예요.
WAITER: Shrimp dimsum with chives is the most popular one here.

그렇군요. 그럼 그걸로 주문할게요.
I see. Then I will order that.

웨이터: 네. 또 다른 건 없으세요?
WAITER: Sure. Anything else?

완탕 작은 것 하나 추가해도 되나요?
Can I add a small wonton soup?

웨이터: 그럼요. 부추가 든 새우 딤섬 하나랑 완탕 작은 것 하나 하셨네요.
WAITER: Sure. One shrimp dimsum with chives and one small wonton soup.

맞습니다.
Right.

---

what to choose: 무엇을 고를지
chive: 부추

UNIT 17 중국·포르투갈 음식점에서 이국의 맛 체험하기

Dialog 2   포르투갈 레스토랑에서 해산물 요리 주문하기

웨이트리스: 지금 주문 받을까요, 아니면 좀 더 시간이 필요하세요?
WAITRESS: May I take your order or do you need a couple more minutes?

시간이 좀 더 필요할 것 같아요. 죄송합니다. 포르투갈 요리는 처음 먹어 보는 거라서요.
I think I need some more time. Sorry, it's my first time trying Portuguese dishes.

웨이트리스: 아, 처음이세요? 원하시면 제가 도와드릴게요.
WAITRESS: Oh, is this your first time? I can help you if you want.

고맙습니다. 여기서 가장 인기 있는 요리가 뭐예요?
Thanks. What is the most popular dish here?

웨이트리스: 대체로 해산물을 좋아하는 편이세요? 문어 샐러드가 여기서 가장 인기 있는 요리 중 하나예요.
WAITRESS: Do you like seafood generally? Octopus salad is one of the most popular dishes here.

문어 샐러드가 좋겠네요. 어떤 소스와 함께 나오나요?
Octopus salad sounds good to me. What kind of dressing does it come with?

웨이트리스: 감귤향 칠리 소스와 함께 나와요. 양념 맛이 약간 강하고 신 맛이 날 거예요.
WAITRESS: It comes with chilli citrus dressing. It is going to taste a little spicy and sour.

맛있을 것 같네요. 그걸로 주문할게요. 그리고 전채 요리로 속을 채운 오징어 주문할게요.
Sounds tasty. I will order that. I will also order stuffed squid for my appetizer.

웨이트리스: 전채 요리로 아주 잘 고르셨어요. 그럼 준비해 드릴게요.
WAITRESS: Great choice for your appetizer. I will get that ready then.

감사합니다.
Thank you.

---

citrus: 오렌지, 레몬 등의 감귤류를 통칭하는 말   **tasty**: 맛있는
choice: 선택   **get+A+ready**: A를 준비하다

실전 말하기 훈련

많이 듣고 말해 본 사람이 실전에도 강합니다. 뼈대 문장 훈련으로 워밍업이 됐다면 실전 회화 속 주요 문장을 큰 소리로 말해 보세요.

딤섬을 좀 먹어 보고 싶은데, 뭘 선택해야 할지 모르겠어요.
I would like to try some dimsum here, but I don't know what to choose.
☐ ☐ ☐

혹시 추천해 주실 게 있나요?
Do you have any recommendations?
☐ ☐ ☐

특별히 좋아하는 건 아니지만 괜찮아요.
I don't particularly like them, but I am okay with them.
☐ ☐ ☐

그렇군요. 그럼 그걸로 주문할게요.
I see. Then I will order that.
☐ ☐ ☐

완탕 작은 것 하나 추가해도 되나요?
Can I add a small wonton soup?
☐ ☐ ☐

시간이 좀 더 필요할 것 같아요.
I think I need some more time.
☐ ☐ ☐

포르투갈 요리는 처음 먹어 보는 거라서요.
It's my first time trying Portuguese dishes.
☐ ☐ ☐

여기서 가장 인기 있는 요리가 뭐예요?
What is the most popular dish here?
☐ ☐ ☐

문어 샐러드가 좋겠네요.
Octopus salad sounds good to me.
☐ ☐ ☐

어떤 소스와 함께 나오나요?
What kind of dressing does it come with?
☐ ☐ ☐

맛있을 것 같네요. 그걸로 주문할게요.
Sounds tasty. I will order that.
☐ ☐ ☐

전채요리로 속을 채운 오징어 주문할게요.
I will also order stuffed squid for my appetizer.
☐ ☐ ☐

UNIT 17 중국·포르투갈 음식점에서 이국의 맛 체험하기

보고
바로 말하기

실제 상황에서는 우리말 문장과 동시에 영어가 떠올라야 해요. 우리말 문장을 보고 영어로 바로 말해 보세요.

- [ ] 포르투갈 요리는 처음 먹어 보는 거예요.
- [ ] 추천할 만한 게 혹시 있나요?
- [ ] 여기서 가장 인기 있는 요리가 뭐예요?
- [ ] 딤섬을 특별히 좋아하지는 않지만 괜찮아요.
- [ ] 문어 샐러드가 좋은 것 같네요.

- [ ] 해산물이 들어간 만두를 한번 먹어 볼래요.
- [ ] 그 안에 고기가 들었나요?
- [ ] 완탕 수프 작은 것 하나 추가해도 되죠?
- [ ] 여기 딤섬을 좀 먹어 보고 싶은데, 뭘 골라야 할지 모르겠어요.
- [ ] 어떤 소스와 함께 나오나요?
- [ ] 그리고 전채 요리로 속을 채운 오징어 주문할게요.

UNIT 18

메뉴 많은 스타벅스에서 음료 주문하기

단어만 알아도 안심이 돼요.

수많은 메뉴와 옵션 때문에 정신없는 스타벅스. 하지만 거기서 음료 주문할 때 꼭 알아야 하는 건 아래 단어만으로도 충분해요. 정확하게 말할 수 있게 발음을 듣고 따라 해 보세요.

SINGLE WORDS

(커피 등을) 내리다	brew
차가운	iced
펌프질	pump
거품	foam
생크림	whipped cream
재활용한	recycled
(손잡이, 펌프가 달린) 용기	dispenser
일회용의	disposable
뚜껑	lid
페이스트리	pastry[2]
추가하다	add

COMBO PHRASES

원두커피	brewed[1] coffee
아이스 아메리카노 그란데 사이즈	a grande iced Americano
시럽 펌프질 두 번	two pumps of syrup
우유 거품	milk foam
생크림 얹은 카페 모카	Caffe Mocha with whipped cream
재활용 종이컵	recycled paper cups
시럽 용기	syrup dispenser
일회용 컵	disposable cups
컵 홀더와 컵 뚜껑	cup holder and cup lid
초콜릿 페이스트리를 주문하다	order chocolate pastry
블루베리 머핀을 추가하다	add a blueberry muffin

---

1   커피 콩을 갈아 물을 넣고 내리기 때문에 이렇게 표현해요.
2   밀가루에 기름을 넣고 우유나 물로 반죽해 겹겹이 펴서 만든 작은 케이크

뼈대 문장 익히기

여행에 필요한 뼈대 문장을 익혀 보아요. 머릿속에서만 맴돌던 영어 문장이 입에서 터져 나와요.

뼈대 문장 1

Can I have a Caramel Macchiato with foam?
캐러멜 마키아토에 우유 거품 넣어서 하나 주실래요?

Can I have ~?는 '내가 ~ 가질 수 있나요?'로 즉, 상대방에게 내가 원하는 걸 말할 때 쓸 수 있어요.

다음 단어를 넣어 문장을 쓰고 말해 보세요.

1 아이스 커피에 우유 넣어서 | iced coffee with milk

2 카페 모카에 생크림 얹어서 하나 | a Caffe Mocha with whipped cream

3 뜨거운 차이 티 라떼에 우유 거품 더 넣어서 하나 | a hot Chai Tea Latte* with extra foam

4 에스프레소에 뜨겁게 데운 우유 넣어서 하나 | an Espresso with steamed milk

*라떼(latte)는 뜨거운 우유를 탄 에스프레소 커피를 말해요.

뼈대 문장 2

I think I will try the Caffe Espresso.
카페 에스프레소를 한번 먹어 볼래요.

문장 앞에 I think ~를 붙이면 우리말의 '~인 것 같아요'의 뉘앙스를 풍겨요. 굳이 해석하지 않아도 뉘앙스만 제대로 알면 돼요.

1 바닐라 라떼를 | the Vanilla Latte

2 플랫 화이트를 | the Flat White*

3 에스프레소 프라푸치노를 | the Espresso Frappuccino

4 초콜릿 스무디를 | the Chocolate Smoothie

*Flat White: 호주, 뉴질랜드에서 에스프레소에 뜨거운 우유를 넣은 커피를 일컫는 말

UNIT 18 메뉴 많은 스타벅스에서 음료 주문하기

뼈대 문장 3

What kind of flavors do you have?

향들이 어떤 종류가 있는데요?

flavor는 '풍미, 향미'의 뜻이에요. 구체적으로 어떤 종류가 있는지 궁금할 때 What kind of ~ do you have?라고 쓸 수 있어요.

1 아이스 라떼들이 | iced Lattes

2 초콜릿 음료들이 | chocolate beverages

3 갓 내린 원두커피들이 | freshly brewed coffee

4 페이스트리들이 | pastries

뼈대 문장 4

I would like to order a tall iced Americano for takeout.

차가운 아메리카노 톨 사이즈로 하나 주시고요, 가져갈 거예요.

매장에서 마시지 않고 가져간다고 할 때 takeout을 쓰면 됩니다.
'가져갈 수 있게 ~를 주문하겠다'니까 I'd like to order ~ for takeout이라고 표현하면 됩니다.

1 아이스 아메리카노 숏 사이즈로 하나 | a short iced Americano

2 뜨거운 아메리카노 숏 사이즈로 하나 | a short hot Americano

3 아이스 아메리카노 그란데 사이즈로 하나 | a grande iced Americano

4 뜨거운 아메리카노 벤티 사이즈로 하나 | a venti hot Americano

*스타벅스의 숏 사이즈는 237ml, 그란데 사이즈는 473ml, 벤티 사이즈는 591ml예요.

뼈대 문장 5

Can I have my drink with caramel syrup?
음료에 캐러멜 시럽을 넣어 줄래요?

자기 입맛에 맞게 뭔가를 넣어 달라고 할 때 쓰면 딱이에요. with는 '~을 곁들여, ~을 넣어'의 의미입니다.

1 바닐라 시럽을 | vanilla syrup

2 페퍼민트 시럽을 | peppermint syrup

3 헤이즐넛 시럽을 | hazelnut syrup

4 라즈베리 시럽을 | raspberry syrup

뼈대 문장 6

What does the Cinnamon Dolce Latte taste like?
시나몬 돌체 라떼는 어떤 맛인가요?

먹어 보지는 않았지만 맛이 어떤지 궁금한 음료들이 있어요. 그럴 때 이렇게 쓰면 됩니다. 참고로 What ~ like?는 How(어떤, 어떻게)의 뜻이에요.

1 자바 칩 프라푸치노는 | the Java Chip Frappuccino

2 스키니 모카는 | the Skinny Mocha

3 에스프레소 마키아토는 | the Espresso Macchiato

4 오렌지 크림 소다는 | the Orange Cream Soda

뼈대 문장 7

I'd like to add a blueberry muffin.

블루베리 머핀 하나 추가할게요.

음료만으로는 뭔가 허전해서 음료 외에 다른 것을 추가하고 싶을 때가 있어요. 그때 손으로만 가리키기 보다는 I'd like to add ~라고 한 다음 추가하고 싶은 것을 말하면 됩니다.

1 스콘 하나 | a scone

2 딸기 대니시 페이스트리 하나 | a strawberry Danish*

3 애플파이 두 개 | two apple pies

4 시나몬 롤 세 개 | three cinnamon rolls

*Danish: 사과·견과류 등이 든 반죽에 당의를 입혀 구운 빵인 대니시 페이스트리를 이렇게 부르기도 해요.

뼈대 문장 8

Where are the wet wipes?

물티슈가 어디 있나요?

어떤 물건이 어디에 있는지 위치를 물을 때 간단하게 쓸 수 있어요. 참고로 물티슈는 water tissue가 아니라 wet tissue 혹은 wet wipe인 것에 주의하세요.

1 빨대가 | the straws

2 컵 홀더가 | the cup holders

3 컵 뚜껑이 | the cup lids

4 시럽 용기가 | the syrup dispensers

실전 회화

실제 스타벅스에서 점원과의 대화는 어떻게 이뤄질까요? 알아듣는 게 중요한 문장과 말하는 게 중요한 문장에 주의하면서 들어 보세요.

Dialog 1   스타벅스 카운터에서 캐러멜 마키아토와 머핀 주문하기

종업원: 뭐로 드릴까요?
ASSOCIATE: What can I get for you today?

캐러멜 마키아토 한 잔 주실래요?
Can I have a Caramel Macchiato?

종업원: 사이즈는요?
ASSOCIATE: What size?

그란데 사이즈요.
Grande size, please.

종업원: 성함이 어떻게 되세요?
ASSOCIATE: Can I get your name?*

수지요.
It's Suji.

종업원: 수지 씨, 이게 다세요? 머핀이나 쿠키는 안 하세요?
ASSOCIATE: Is that all for you today, Suji? Any muffins or cookies?

블루베리 머핀 하나 추가할게요.
I would like to add a blueberry muffin.

종업원: 잘 고르신 것 같네요. 머핀 여기 있습니다. 음료는 저쪽 편에서 준비될 겁니다.
ASSOCIATE: Sounds like a good plan. Here is the muffin. Your drink will be ready on the other side.

What can I get for you today? (식당이나 카페에서) 뭐 드릴까요?
*스타벅스 같은 커피 전문점에서는 컵에 이름을 써 주는 경우가 많아서 이름을 물어보기도 해요.

UNIT 18 메뉴 많은 스타벅스에서 음료 주문하기

Dialog 2 스타벅스 카운터에서 테이크아웃용 아이스 아메리카노 주문하기

종업원: 뭘 도와드릴까요?
ASSOCIATE: How may I help you?

아이스 아메리카노 톨 사이즈 하나 주시고요, 가져갈 거예요.
I would like to order a tall iced Americano for takeout.

종업원: 네. 우유나 설탕 넣으세요?
ASSOCIATE: Sure. Any milk or sugar?

음료에 캐러멜 시럽 넣어 주실래요?
Can I have my drink with caramel syrup?

종업원: 알겠습니다. 우유는요?
ASSOCIATE: Of course. How about milk?

그건 됐어요.
No thanks.

종업원: 알겠습니다. 그럼 아이스 아메리카노에 캐러멜 시럽 펌프질 두 번해서 준비해 드릴게요.
ASSOCIATE: Okay. Then your iced Americano will be ready with 2 pumps of caramel syrup.

감사합니다.
Thank you.

종업원: 시럽이 더 필요하시면 다시 오세요. 우유 필요하시면 뒤편 탁자 위에 있습니다.
ASSOCIATE: If you need more syrup, please come back to us. If you need milk, it's on the table behind you.

네. 정말 감사합니다.
Okay. Thanks a lot.

실전 말하기 훈련

많이 듣고 말해 본 사람이 실전에도 강합니다. 뼈대 문장 훈련으로 워밍업이 됐다면 실전 회화 속 주요 문장을 큰 소리로 말해 보세요.

캐러멜 마키아토 한 잔 주실래요?
Can I have a Caramel Macchiato?

사이즈는요?
What size?

그란데 사이즈요.
Grande size, please.

블루베리 머핀 하나 추가할게요.
I would like to add a blueberry muffin.

음료는 저쪽 편에서 준비될 겁니다.
Your drink will be ready on the other side.

아이스 아메리카노 톨 사이즈 하나 주시고요, 가져갈 거예요.
I would like to order a tall iced Americano for takeout.

우유나 설탕 넣으세요?
Any milk or sugar?

음료에 캐러멜 시럽 넣어 주실래요?
Can I have my drink with caramel syrup?

그럼 아이스 아메리카노에 캐러멜 시럽 펌프질 두 번해서 준비해 드릴게요.
Then your iced Americano will be ready with 2 pumps of caramel syrup.

시럽이 더 필요하시면 다시 오세요. 우유 필요하시면 뒤편 탁자 위에 있어요.
If you need more syrup, please come back to us. If you need milk, it's on the table behind you.

UNIT 18 메뉴 많은 스타벅스에서 음료 주문하기

보고 바로 말하기

실제 상황에서는 우리말 문장과 동시에 영어가 떠올라야 해요. 우리말 문장을 보고 영어로 바로 말해 보세요.

- [ ] 캐러멜 마키아토에 우유 거품 넣어서 하나 주실래요?

- [ ] 카페 에스프레소를 한 번 먹어 볼래요.

- [ ] 향들이 어떤 종류가 있는데요?

- [ ] 아이스 아메리카노 톨 사이즈로 하나 주시고요, 가져갈 거예요.

- [ ] 음료에 캐러멜 시럽을 넣어 줄래요?

- [ ] 시나몬 돌체 라떼는 어떤 맛인가요?

- [ ] 블루베리 머핀 하나 추가할게요.

- [ ] 물티슈가 어디 있나요?

- [ ] 음료는 저쪽 편에서 준비될 겁니다.

- [ ] 그럼 아이스 아메리카노에 캐러멜 시럽 펌프질 두 번해서 준비해 드릴게요.

- [ ] 시럽이 더 필요하시면 다시 오세요. 우유 필요하시면 뒤편 탁자 위에 있어요.

UNIT 19

패스트푸드점에서 햄버거 주문하기

단어만 알아도 안심이 돼요.

패스트푸드점에서 햄버거를 주문할 때 꼭 알아야 하는 건 아래 단어만으로도 충분해요. 정확하게 말할 수 있게 발음을 듣고 따라 해 보세요.

SINGLE WORDS

주문하다	order
추가의	extra
콜라	Coke[1]
점심	lunch
고기를 둥글 넙적하게 빚은 것	patty
작고 둥글납작한 빵	bun
얇게 썬 조각	slice
음식 쟁반	tray
빨대	straw
맛있는	yummy[2]
신용카드	card

COMBO PHRASES

치킨 스낵 랩 샌드위치를 주문하다	order a Chicken Snack Wrap
양파 추가	extra onions
콜라 한 캔	a can of Coke
점심 세트 메뉴	lunch meal
햄버거용 패티	hamburger patty
햄버거용 둥근 빵	burger bun
얇게 썬 토마토 조각들	tomato slices
음식 쟁반을 반납하다	return the tray
빨대로 마시다	drink through a straw
맛있는 감자튀김	yummy French fries
신용카드를 (기계에) 삽입하다	insert one's card
신용카드를 (기계에 대고) 긋다	swipe one's card

[1] 본래 Coke는 Coca Cola의 약칭인데, 코카콜라가 워낙 유명하다 보니 그냥 '콜라'의 의미로 쓰이는 거예요.
[2] 보통 회화체에서 '맛있는'은 delicious보다 yummy라고 표현하는 게 더 자연스러워요.

뼈대 문장 익히기

여행에 필요한 뼈대 문장을 익혀 보아요. 머릿속에서만 맴돌던 영어 문장이 입에서 터져 나와요.

뼈대 문장 1 | I'd like to have two cheeseburgers.
치즈버거 두 개 주세요.

have는 '가지다'의 뜻 외에 '먹다'의 뜻도 있어요. 직역하면 '치즈버거 두 개를 먹고 싶다'지만, 패스트푸드점에서의 이 말은 치즈버거 두 개 달라고 주문하는 표현입니다.

다음 단어를 넣어 문장을 쓰고 말해 보세요.

1 더블 치즈버거 한 개 | a Double Cheeseburger ☐ ☐ ☐

2 빅맥 네 개 | four Big Macs ☐ ☐ ☐

3 맥더블 버거 두 개 | two McDoubles ☐ ☐ ☐

4 쿼터 파운더 치즈버거 한 개 | a Quarter Pounder with Cheese ☐ ☐ ☐

*Quarter Pounder는 무게가 4온스(약 113g)인 햄버거를 뜻해요. 4온스가 1파운드의 1/4이랍니다.

뼈대 문장 2 | I'd like to order a Cheeseburger Lunch Meal.
치즈버거 런치 세트 하나 주문할게요.

이번에는 '주문하다'의 동사 order를 써서 주문하는 표현입니다.

1 해피밀 세트 두 개 | two Happy Meals ☐ ☐ ☐

2 해피밀 세트 두 개랑 마이티 키즈밀 세트 하나 | two Happy Meals and a Mighty Kids Meal ☐ ☐ ☐

3 에그 맥머핀 세 개 | three Egg McMuffins ☐ ☐ ☐

4 핫케이크랑 소시지 세트 | Hotcakes and Sausage ☐ ☐ ☐

뼈대 문장 3

I would like a double cheese burger with a coke. 더블 치즈버거랑 콜라 하나 주세요.

이번에는 단품 외에 다른 걸 추가해서 주문하는 경우입니다. 〈A and B〉도 쓰지만 〈A with B〉의 형태로도 쓰입니다.

1 다이어트 콜라 하나 | a Diet Coke

2 다이어트 콜라 작은 것 하나 | a small Diet Coke

3 다이어트 콜라 중간 사이즈로 하나 | a medium Diet Coke

4 다이어트 콜라 큰 걸로 하나 | a large Diet Coke

뼈대 문장 4

I would like a Side Salad on top of that. 추가로 사이드 샐러드 하나 주세요.

on top of that은 '그 외에'라는 뜻이에요. 추가로 다른 걸 주문할 때 쓸 수 있는 유용한 표현이죠.

1 바삭바삭한 닭고기가 들어간 시저 샐러드 하나 | a Caesar Salad with Crispy* Chicken

2 구운 애플파이 두 개 | two Baked Apple Pies

3 바닐라 콘 세 개 | three Vanilla Cones

4 딸기 밀크셰이크 큰 걸로 하나 | a large Strawberry Milkshake

*crispy: 바삭바삭한

뼈대 문장 5

Let me have just one small fries.
감자튀김 작은 거 하나만 주세요.

주문할 때 쓸 수 있는 또 다른 표현으로 Let me have ~가 있어요. 직역하면 '내가 ~을 먹게 해 달라'지만 '~를 주세요'란 뜻입니다.

1 치킨 스낵 랩 샌드위치 하나만 | just one Chicken Snack Wrap ☐☐☐

2 해쉬 브라운 두 개만 | just two hash browns* ☐☐☐

3 치킨 맥너깃만 | just Chicken McNuggets ☐☐☐

4 모차렐라 스틱만 | just Mozzarella Sticks ☐☐☐

*hash browns : 다진 감자와 양파를 섞어 노릇하게 지진 음식

뼈대 문장 6

Can I have my burger with extra onions?
버거에 양파 좀 더 넣어 주실래요?

햄버거에 자기가 좋아하는 걸 더 넣어 달라고 말할 때, '넣어 달라고를 뭐라고 말하지?' 고민하지 마세요. Can I have my burger with extra …?라고 하면 간단합니다.

1 양상추 | lettuce ☐☐☐

2 토마토 | tomatoes ☐☐☐

3 오이 | cucumbers ☐☐☐

4 케첩 | ketchup ☐☐☐

뼈대 문장 7

I'd like my burger without pickles.
버거에 피클은 빼 주세요.

이번에는 싫어하는 것을 빼달라고 할 때 쓸 수 있는 표현입니다. 간단하게 without ~라고 하면 됩니다.

1 피망은 | bell peppers*
2 버섯은 | mushrooms
3 마요네즈는 | mayo**
4 베이컨은 | bacon

*피망은 pimang이 아니라 bell pepper라고 해야 합니다.   **mayo는 'mayonnaise(마요네즈)'의 구어체 표현입니다.

뼈대 문장 8

Do you have honey mustard sauce?
허니 머스터드 소스 있어요?

자기가 뿌려 먹고 싶은 소스가 있는지 궁금하다면 이렇게 물을 수 있어요.

1 바비큐 소스 | BBQ sauce
2 케첩 | ketchup
3 스위트 칠리 소스 | sweet chilli sauce
4 스위트 앤 사우어 소스 | sweet and sour* sauce

*sour: 신, 새콤한

실전 회화

실제 패스트푸드점에서 음식 주문은 어떻게 이뤄질까요? 알아듣는 게 중요한 문장과 말하는 게 중요한 문장에 주의하면서 들어 보세요.

Dialog 1 맥도날드에서 치즈버거와 음료 주문하기

카운터 직원: 안녕하세요, 뭐 드릴까요?
CASHIER: Hello, what can I get for you?

안녕하세요, 치즈버거 두 개 주세요.
Hi, I would like to have two cheeseburgers.

카운터 직원: 네. 감자튀김도 드릴까요?
CASHIER: Sure. Would you like some fries as well?

감자튀김 작은 걸로 하나만 주세요. 다이어트 콜라 있어요?
Just one small fries please. Do you have Diet Coke?

카운터 직원: 네. 다이어트 콜라도 있고 코크 제로도 있어요.
CASHIER: Yes. We have Diet Coke, and we also have Coke Zero.

잘 됐네요. 추가로 다이어트 콜라 중간 사이즈로 하나 주세요.
Great. I would like a medium Diet Coke on top of that.

카운터 직원: 그럼 치즈버거 두 개에 감자튀김 작은 것 하나, 다이어트 콜라 중간 사이즈 하나 맞으시죠?
CASHIER: So it's two cheeseburgers with one small fries and one medium Diet Coke, correct?

맞아요!
Perfect!

카운터 직원: 알겠습니다. 주문하신 음식은 2분 후에 나옵니다. 옆에서 기다려 주세요.
CASHIER: Awesome. Your meal will be ready in 2 minutes. Please wait on the side.

What can I get for you? 뭘 갖다 줄 수 있을까요? (즉, 식당이나 상점에서 '뭐 드릴까요?'의 뜻입니다.)
as well: (앞서 말한 것 외에) ~도   **be ready:** 준비되다 (식당 등에서 음식 등이 '나오다')

Dialog 2 치킨버거 런치 세트 주문하기

카운터 직원: 어서 오세요. 맥도날드입니다. 뭘 도와드릴까요?
CASHIER: Welcome to McDonald's! How may I help you?

치킨버거 런치 세트 하나 주문할게요.
I would like to order a chicken burger lunch meal.

카운터 직원: 네. 여기서 드실 건가요, 가져가실 건가요?
CASHIER: Sure. For here or to go?

가져갈 거예요.
To go, please.

카운터 직원: 음료는 뭐로 하시겠어요?
CASHIER: And what would you like for your drink?

마운틴듀로 주세요.
I would like Mountain Dew.

카운터 직원: 네. 또 다른 건 없으세요?
CASHIER: Okay. Anything else?

저기, 버거에 양파 좀 더 넣어 주실래요?
Actually, can I have my burger with extra onions?

카운터 직원: 알겠습니다. 총 9.72달러입니다. 어떻게 지불하시겠어요?
CASHIER: Absolutely. Your total comes to 9.72 dollars. How would you like to pay?

마스터 카드로 지불할게요.
I will pay with my Master Card.

카운터 직원: 네. 그럼 카드를 기계에 넣어 주세요.
CASHIER: All right. Please insert your card into the machine.

actually: (말을 시작할 때) 저기
total: 총액

실전 말하기 훈련

많이 듣고 말해 본 사람이 실전에도 강합니다. 뼈대 문장 훈련으로 워밍업이 됐다면 실전 회화 속 주요 문장을 큰 소리로 말해 보세요.

안녕하세요, 치즈버거 두 개 주세요.
Hi, I would like to have 2 cheeseburgers.

감자튀김 작은 걸로 하나만 주세요.
Just one small fries please.

다이어트 콜라 있어요?
Do you have Diet Coke?

추가로 다이어트 콜라 중간 사이즈로 하나 주세요.
I would like a medium Diet Coke on top of that.

맞아요!
Perfect!

치킨버거 런치 세트 하나 주문할게요.
I would like to order a chicken burger lunch meal.

가져갈 거예요.
To go, please.

마운틴듀로 주세요.
I would like Mountain Dew.

저기, 버거에 양파 좀 더 넣어 주실래요?
Actually, can I have my burger with extra onions?

마스터 카드로 지불할게요.
I will pay with my Master Card.

네. 그럼 카드를 기계에 넣어 주세요.
All right. Please insert your card into the machine.

UNIT 19 패스트푸드점에서 햄버거 주문하기

보고
바로 말하기

실제 상황에서는 우리말 문장과 동시에 영어가 떠올라야 해요. 우리말 문장을 보고 영어로 바로 말해 보세요.

- [ ] 치즈버거 두 개 주세요.
- [ ] 치즈버거 런치 세트 하나 주문할게요.
- [ ] 더블 치즈버거랑 콜라 하나 주세요.
- [ ] 추가로 사이드 샐러드 하나 주세요.
- [ ] 감자튀김 작은 것 하나만 주세요.

- [ ] 버거에 양파 좀 더 넣어 주실래요?
- [ ] 버거에 피클은 빼 주세요.
- [ ] 허니 머스터드 소스 있어요?
- [ ] 가져갈 거예요.
- [ ] 마스터 카드로 지불할게요.
- [ ] 알겠습니다. 주문하신 음식은 2분 후에 나옵니다. 옆에서 기다려 주세요.
- [ ] 네. 그럼 카드를 기계에 넣어 주세요.

UNIT 20

카페에서 샌드위치와 수프 주문하고,
도넛 모음 테이크아웃 하기

카페 대화에서 알아야 하는 건 아래 단어만으로도 충분해요. 정확하게 말할 수 있게 발음을 듣고 따라 해 보세요.

SINGLE WORDS

인기 있는	popular
카페인을 제거한	decaf
한 모금	sip
그릇	bowl
얇게 썬 조각	slice
12개	dozen
모음, 모둠	assortment
여러 가지	variety
(매장) 분위기	atmosphere
조리하다	prepare
토핑	topping

COMBO PHRASES

가장 인기 있는 메뉴	the most popular menu
카페인을 제거한 커피	decaf coffee
한 모금 마시다	take a sip
프랑스식 양파 수프 한 그릇	a bowl of French onion soup
치즈 한 장	a slice of cheese
도넛 12개	a dozen doughnuts
(도넛) 모음을 고르다	choose an assortment
무척 다양한 종류의 도넛들	a wide variety of doughnuts
친근한 분위기	friendly atmosphere
즉석에서 조리한 음식	food prepared on the spot[1]
토핑을 더 넣다	add more toppings

---

[1] on the spot: 그 자리에서

뼈대 문장 익히기

여행에 필요한 뼈대 문장을 익혀 보아요. 머릿속에서만 맴돌던 영어 문장이 입에서 터져 나와요.

뼈대 문장 1
I'd like to order a chicken salad sandwich.
치킨 샐러드 샌드위치 하나 주문할게요.

샌드위치나 도넛, 베이글 등을 전문으로 하는 카페에서 주문할 때 쓸 수 있어요. 우리말도 같은 의미지만 표현이 다른 것처럼 영어도 비슷한 뜻이지만 다양하게 표현해요.

다음 단어를 넣어 문장을 쓰고 말해 보세요.

1. 참치 샐러드 샌드위치 하나 | a tuna salad sandwich
2. 달걀 샐러드 샌드위치 하나 | an egg salad sandwich
3. 치킨 베이컨 클럽 샌드위치 하나 | a chicken bacon club sandwich*
4. 훈제연어 샌드위치 하나 | a smoked salmon sandwich

*club sandwich: 세 조각 빵 사이에 내용물을 두 층으로 넣은 두꺼운 샌드위치

뼈대 문장 2
I'd like the French onion soup.
프랑스식 양파 수프로 할래요.

외국 카페에서는 이렇게 수프를 팔기도 합니다. I'd like to order 대신 to order를 빼고 I'd like만 쓸 수도 있어요. 뒤에 주문하려는 것만 붙여 주면 돼요.

1. 토마토 수프로 | the tomato soup
2. 조개 크림 수프로 | the clam chowder
3. 브로콜리 크림 수프로 | the cream of broccoli soup
4. 채소 수프 큰 그릇 짜리로 하나 | a large bowl of vegetable soup

뼈대 문장 3

The soup is too greasy.

수프가 너무 느끼해요.

음식을 받았는데 뭔가 만족스럽지 않다고요?
그럼 '에이, 그냥 먹지' 하지 말고 당당하게 음식의 어디가 마음에 안 드는지 말하세요.

1 약간 식었어요 | is a little cold ☐ ☐ ☐

2 약간 짜요 | is a little salty ☐ ☐ ☐

3 밍밍해요 | is bland* ☐ ☐ ☐

4 제 맛이 안 나요 | doesn't taste right** ☐ ☐ ☐

*bland: 이 맛도 저 맛도 아닌   **taste right: 맛이 제대로 나다

뼈대 문장 4

What does the soup come with?

수프가 뭐랑 같이 나오나요?

'~와 함께 나오다'는 말 그대로 come with ~라고 표현합니다.

1 샌드위치가 | the sandwich ☐ ☐ ☐

2 베이글이 | the bagel ☐ ☐ ☐

3 핫도그가 | the hotdog ☐ ☐ ☐

4 피자가 | the pizza ☐ ☐ ☐

뼈대 문장 5

I'll have a dozen doughnuts to go.

도넛 12개 사서 가져갈 거예요.

주문하는 품목 뒤에 to go를 붙이면 여기서 먹지 않고 포장해 갈 거라는 의미예요.
a dozen은 '12'로 twelve 대신 이렇게 dozen으로 표현하기도 합니다.

1 12개짜리 도넛 모음 | a dozen assorted* doughnuts ☐ ☐ ☐

2 도넛 여섯 개 | a half dozen doughnuts ☐ ☐ ☐

3 미니 도넛 한 팩 | a pack of mini doughnuts ☐ ☐ ☐

4 패밀리 팩 하나 | a family pack ☐ ☐ ☐

*assorted: 여러 가지의, 갖은

뼈대 문장 6

Can I pick out two chocolate glazed doughnuts?

초콜릿 글레이즈드 도넛 두 개를 직접 골라도 되나요?

pick out은 여러 개 중에서 뽑아 고를 때 쓰는 표현이에요. Can I ~?는 허락, 허가를 구할 때 쓸 수 있어요.

1 플레인 도넛 두 개를 | two plain doughnuts ☐ ☐ ☐

2 계피 도넛 세 개를 | three cinnamon doughnuts ☐ ☐ ☐

3 설탕 입힌 도넛 두 개를 | two sugar-coated doughnuts ☐ ☐ ☐

4 땅콩 도넛 세 개를 | three peanut doughnuts ☐ ☐ ☐

뼈대 문장 7: To go, please.
가져갈 거예요.

To go는 '여기서 안 먹고 가져갈 거예요'의 뜻이에요. 주문할 때는 짧게 말하는 경우가 많은데, 이때는 뒤에 please를 붙여 주세요. 안 붙였을 때와 듣는 사람 입장에서는 사뭇 다르답니다.

1 여기서 먹을 거예요 | For here

2 아주 뜨겁게 해주세요 | Extra hot

3 겨자는 넣지 마세요 | No mustard

4 오이는 넣지 마세요 | No cucumbers

뼈대 문장 8: I'll just have water with a slice of lemon.
그냥 물에 레몬 한 조각만 넣어서 주세요.

별 달리 시킬 게 많지 않을 때, just를 쓰세요. 그거 하나만 시킨다는 뉘앙스를 풍깁니다.

1 탄산수 한 병만 | a bottle of mineral water

2 시원한 탄산음료 하나만 | a cold soda

3 커피 한 잔만 블랙으로 | a cup of coffee black

4 콜라 작은 걸로 하나만 얼음 넣지 말고 | a small Coke, no ice

실전 회화

Dialog 1   도넛 전문 카페에서 테이크아웃으로 도넛 모음과 커피 주문하기

실제 카페에서의 대화는 어떻게 이뤄질까요? 알아듣는 게 중요한 문장과 말하는 게 중요한 문장에 주의하면서 들어 보세요.

카운터 직원: 어서 오세요. 뭐 드릴까요?
CASHIER: Good morning, how can I help you today?

도넛 12개랑 디카페인 커피 한 잔이요. 가져갈 거예요.
I would like to order a dozen doughnuts and a decaf please. To go, please.

카운터 직원: 크기는 뭐로 드릴까요?
CASHIER: What size?

보통 크기 잔으로 주세요.
A regular, please.

카운터 직원: 도넛은 직접 고르시겠어요, 아니면 저희가 도넛 모음을 골라 드릴까요?
CASHIER: Would you like to pick out your doughnuts or do you want us to choose an assortment for you?

제가 직접 고를게요. 옛날식 글레이즈드 도넛 세 개, 애플 프리터 세 개, 꿀꽈배기 도넛 세 개, 초콜릿 글레이즈드 도넛 세 개 주세요.
I would like to pick please. Can I have 3 old-fashioned glazed, 3 apple fritters, 3 honey crullers, and 3 chocolate glazed, please?

카운터 직원: 알겠습니다.
CASHIER: Sure.

old-fashioned: 옛날 방식의
fritter: (과일·고기·야채) 튀김
glazed: 윤기가 나는
cruller: 꽈배기 도넛

Dialog 2 샌드위치 전문 카페에서 샌드위치와 수프 주문하기

카운터 직원: 안녕하세요, 뭐로 드릴까요?
CASHIER: Hi, what would you like today?

칠면조 샌드위치 하나 주세요.
I'd like a turkey sandwich.

카운터 직원: 어떤 빵에다 드릴까요? 흰 식빵, 통밀빵, 잡곡빵, 사워도우 빵 등이 있는데요.
CASHIER: On what bread? We have white, whole wheat, multigrain or sourdough...

잡곡 빵으로 주세요. 아, 프랑스식 양파 수프도 하나 주세요.
Multigrain, please. Oh, I would also like to have a French onion soup.

카운터 직원: 컵에다 드릴까요, 그릇에다 드릴까요?
CASHIER: Would that be a cup or a bowl?

그릇에다 주세요.
A bowl, please.

카운터 직원: 총 금액이 8달러 65센트입니다. 뭐로 결제하시겠어요?
CASHIER: The total comes to 8.65 dollars. What would you pay with?

신용카드요.
Credit, please.

카운터 직원: 샌드위치와 수프는 저기 왼쪽 끝에서 찾아가시면 돼요.
CASHIER: Please pick up your sandwich and soup at the far end on your left.

sourdough: 시큼한 맛이 나는 빵

많이 듣고 말해 본 사람이 실전에도 강합니다. 뼈대 문장 훈련으로 워밍업이 됐다면 실전 회화 속 주요 문장을 큰 소리로 말해 보세요.

도넛 12개랑 디카페인 커피 한 잔이요. 가져갈 거예요.
I would like to order a dozen doughnuts and a decaf please. To go, please.

보통 크기 잔으로 주세요.
A regular, please.

도넛은 직접 고르시겠어요, 아니면 저희가 도넛 모음을 골라 드릴까요?
Would you like to pick out your doughnuts or do you want us to choose an assortment for you?

제가 직접 고를게요. 옛날식 글레이즈드 도넛 세 개, 애플 프리터 세 개, 꿀꽈배기 도넛 세 개, 초콜릿 글레이즈드 도넛 세 개 주세요.
I would like to pick please. Can I have 3 old-fashioned glazed, 3 apple fritters, 3 honey crullers, and 3 chocolate glazed, please?

칠면조 샌드위치 하나 주세요.
I'd like a turkey sandwich.

어떤 빵에다 드릴까요? 흰 식빵, 통밀빵, 잡곡빵, 사워도우 빵 등이 있는데요.
On what bread? We have white, whole wheat, multigrain or sourdough.

잡곡빵으로 주세요. 아, 프랑스식 양파 수프도 하나 주세요.
Multigrain, please. Oh, I would also like to have a French onion soup.

컵에다 드릴까요, 그릇에다 드릴까요?
Would that be a cup or a bowl?

샌드위치와 수프는 저기 왼쪽 끝에서 찾아가시면 돼요.
Please pick up your sandwich and soup at the far end on your left.

보고 바로 말하기

실제 상황에서는 우리말 문장과 동시에 영어가 떠올라야 해요. 우리말 문장을 보고 영어로 바로 말해 보세요.

☐ 치킨 샐러드 샌드위치 하나 주문할게요.

☐ 프랑스식 양파 수프로 할래요.

☐ 수프가 너무 느끼해요.

☐ 수프가 뭐랑 같이 나오나요?

☐ 도넛 12개 사서 가져갈 거예요.

☐ 초콜릿 글레이즈드 도넛 두 개를 직접 골라도 되나요?

☐ 가져갈 거예요.

☐ 그냥 물에 레몬 한 조각만 넣어서 주세요.

☐ 도넛 12개랑 디카페인 커피 한 잔이요. 가져갈 거예요.

☐ 제가 직접 고를게요. 옛날식 글레이즈드 도넛 세 개, 애플 프리터 세 개, 꿀꽈배기 도넛 세 개, 초콜릿 글레이즈드 도넛 세 개 주세요.

☐ 컵에다 드릴까요, 그릇에다 드릴까요?

☐ 어떤 빵에다 드릴까요? 흰 식빵, 통밀빵, 잡곡빵, 사워도우 빵 등이 있는데요.

UNIT 21

매장에서 이것저것 물어보며 옷과 신발 쇼핑하기

단어만 알아도 안심이 돼요.

실제 의류나 신발 매장에서 쇼핑하는 상황에서 꼭 알아야 하는 건 아래 단어만으로도 충분해요. 정확하게 말할 수 있게 발음을 듣고 따라 해 보세요.

SINGLE WORDS

쇼핑몰	mall
점원	clerk
운동화	sneakers
바지	pants
(옷이) 잘 맞다	fit
재고	stock
꼬리표	tag
옷걸이	rack
치수를 재다	measure
정장	suit
탈의실	fitting room

COMBO PHRASES

쇼핑몰 안내판	mall directory[1]
점원에게 가격을 확인해 달라고 하다	ask a clerk to check the price
전시된 운동화	the displayed sneakers
바지 값을 지불하다	pay for the pants
~한테 잘 맞다	fit on someone
재고를 확인하다	check stock
가격표	price tag
옷걸이를 살펴보다	check the rack
허리 사이즈를 재다	measure one's waist
정장을 입어 보다	try on the suit
빈 탈의실	vacant fitting room

---

1 안내판이라고 해서 sign이라고 하지 않아요.

뼈대 문장 익히기

여행에 필요한 뼈대 문장을 익혀 보아요. 머릿속에서만 맴돌던 영어 문장이 입에서 터져 나와요.

뼈대 문장 1 | Where can I find the fitting room?

탈의실이 어디 있나요?

탈의실은 fitting room 또는 dressing room이라고 합니다. 자기가 찾고자 하는 것이 어디에 있는지 궁금할 때, Where is/are ~? 보다 Where can I find ~?라고 묻는 게 더 좋아 보입니다.

다음 단어를 넣어 문장을 쓰고 말해 보세요.

1. 남성용 재킷은 | men's jackets
2. 여성용 민소매 티셔츠가 | women's tank tops
3. 스포츠 의류가 | sports apparel*
4. 노스페이스 바람막이 점퍼가 | North Face windbreakers

*apparel은 '의류' 특히 매장에서 판매되는 의류를 뜻합니다.

뼈대 문장 2 | Can I try on that green hoodie?

저 초록색 후드 티 한번 입어 봐도 돼요?

try on ~은 '(옷 등을) 한번 입어 보다'의 뜻이에요.

1. 저 플리스 조끼 | that fleece* vest
2. 목이 긴 검정색 스웨터 | the black turtle neck sweater
3. 저 줄무늬 와이셔츠 | that striped dress shirt**
4. 이 진회색 바지 | these dark gray pants

*fleece: 양털   **와이셔츠는 Y-shirt가 아니라 dress shirt라고 합니다.

UNIT 21 매장에서 이것저것 물어보며 옷과 신발 쇼핑하기

뼈대 문장 3

I think the green one would fit better on me.

초록색 게 저한테 더 잘 맞는 것 같아요.

100% 확정적이지 않은 자신의 생각을 표현할 때 I think ~라고 말한 후 문장을 말하면 됩니다.
fit on someone은 '(~가) …에게 맞다'의 뜻이에요.

1 연한 노란색 게 | the light yellow one ☐ ☐ ☐

2 진한 파랑색 게 | the dark blue one ☐ ☐ ☐

3 줄무늬 정장이 | the striped* suit ☐ ☐ ☐

4 민무늬가 | the plain pattern ☐ ☐ ☐

*striped: 세로로 줄이 간

뼈대 문장 4

I am going to try the medium size.

중간 사이즈로 입어 볼 거예요.

자기 사이즈가 뭔지 말할 수 있는 것, 쇼핑에서는 필요합니다. '곧 ~할 거다'라고 말할 때 be going to ~를 많이 씁니다.

1 스몰 사이즈로 | small size ☐ ☐ ☐

2 엑스트라 스몰 사이즈로 | extra small size ☐ ☐ ☐

3 슬림 사이즈로 | slim size ☐ ☐ ☐

4 엑스트라 라지 사이즈로 | extra large size ☐ ☐ ☐

뼈대 문장 5

I think extra small would be too tight for me.

엑스트라 스몰 사이즈는 저한테 너무 꽉 낄 것 같아요.

점원이 사이즈를 추천하는 경우가 있어요. 그때 자신의 의견을 이렇게 표현할 수 있답니다.

1 미디엄 사이즈는 ~ 너무 클 것 | medium ~ too big

2 엑스트라 라지 사이즈는 ~ 너무 헐렁할 것 | extra large ~ too loose

3 라지 사이즈는 ~ 품이 너무 클 것 | large ~ too wide

4 슬림 사이즈는 ~ 너무 작을 것 | slim size ~ too small

뼈대 문장 6

I am looking for 230mm size for these black boots.

저는 이런 검정 부츠로 230밀리를 찾고 있어요.

혼자 찾아보는 데도 못 찾겠으면 점원에게 도움을 요청해야죠. 이때는 자신이 현재 무얼 찾고 있는지 be looking for ~를 활용해 말할 수 있어요.

1 회색 테니스 신발로 | gray tennis shoes

2 하이힐로 | high heels

3 검정 가죽 신발로 | black leather shoes

4 노란색 실내화로 | yellow slippers

뼈대 문장 7
Could you measure my foot?
발 크기 좀 재 주실래요?

자신의 사이즈를 정확히 모를 때 매장 직원에게 재 달라고 부탁할 수 있는데요, 그때 쓸 수 있는 표현입니다.

1 허리 둘레 | waist

2 가슴 둘레 | chest

3 신발 사이즈 | shoe size

4 바지 사이즈 | pants size

뼈대 문장 8
Do you have this dress shirt in different colors?
이 와이셔츠 혹시 다른 색깔로 있나요?

다른 건 마음에 드는데, 색깔이나 사이즈가 다른 거면 좋을 것 같을 때 이 표현을 쓰세요.

1 베이지 색으로 | beige color

2 다른 사이즈로 | different sizes

3 미디엄 사이즈로 | medium size

4 7번 사이즈로 | size 7

실전 회화

실제 의류·신발 매장에서 점원과의 대화는 어떻게 이뤄질까요? 알아듣는 게 중요한 문장과 말하는 게 중요한 문장에 주의하면서 들어 보세요.

Dialog 1 마음에 드는 후드 티를 골라 탈의실에서 입어 보기

점원: 안녕하세요. 좀 도와드릴까요?
CLERK: How are you doing? Do you need any help?

네. 여기 탈의실이 어디 있나요?
Yes, I do. Where is the fitting room here?

점원: 저기 뒤편 모퉁이에 있어요. 저기 표지판 보이시죠? 그 초록색 후드 티 입어 보시게요?
CLERK: It's at the back corner over there. Do you see a sign there? Did you want to try on that green hoodie?

네. 이 후드 티가 맘에 드네요. 스몰 사이즈를 입어 보려고요.
Yeah. I like this hoodie. I am going to try on the small size.

점원: 엑스트라 스몰 사이즈가 더 잘 맞으실 것 같은데요.
CLERK: I think extra small would fit better on you.

엑스트라 스몰 사이즈는 저한테 너무 꽉 낄 것 같아요.
I think extra small would be too tight for me.

점원: 저희 옷들이 다른 브랜드 옷들보다 사이즈가 조금 큰 편이에요. 그래서 평소 스몰 사이즈를 입으셔도 엑스트라 스몰 사이즈가 잘 맞을 거예요.
CLERK: Our clothes are slightly bigger than other brands. So even if you were wearing small size, extra small probably would fit on you.

아. 그래요. 그럼 두 사이즈 모두 입어 볼게요.
I see what you mean. I will try on both sizes, then.

점원: 잘 생각하셨어요!
CLERK: Sounds like a good idea!

---

over there: 저쪽에   **slightly:** 약간, 조금
even if: ~하더라도, ~임에도 불구하고

UNIT 21 매장에서 이것저것 물어보며 옷과 신발 쇼핑하기   219

Dialog 2 신발 가게에 들러 점원에게 운동화 사이즈 찾아달라고 부탁하기

실례합니다. 이 흰색 운동화로 230밀리를 찾고 있는데요.
Excuse me, I am looking for 230mm size for these white sneakers.

점원: 진열된 신발들 아래쪽으로 상자들이 있을 거예요.
CLERK: There should be boxes underneath the displayed shoes.

찾아봤는데 모두 큰 사이즈들이던데요.
I tried to find one, but they were all bigger sizes.

점원: 230밀리가 없다고요?
CLERK: So was there no 230mm?

네. 없어요.
No.

점원: 네. 보통 거기에 없으면 뒤쪽에도 없어요.
CLERK: Okay. Usually if you don't see one out there, we also don't have them in the back.

그래도 한번만 뒤쪽을 살펴봐 주실래요?
But could you please check the back for me?

점원: 알겠습니다. 제가 살펴보고 올게요.
CLERK: Certainly. I will check and get back to you.

정말 고맙습니다.
I'd appreciate it.

 **실전 말하기 훈련**

많이 듣고 말해 본 사람이 실전에도 강합니다. 뼈대 문장 훈련으로 워밍업이 됐다면 실전 회화 속 주요 문장을 큰 소리로 말해 보세요.

여기 탈의실이 어디 있나요?
Where is the fitting room here?

이 후드 티가 맘에 드네요. 스몰 사이즈를 입어 보려고요.
I like this hoodie. I am going to try on the small size.

엑스트라 스몰 사이즈가 더 잘 맞으실 것 같은데요.
I think extra small would fit better on you.

엑스트라 스몰 사이즈는 저한테 너무 꽉 낄 것 같아요.
I think extra small would be too tight for me.

아, 그래요. 그럼 두 사이즈 모두 입어 볼게요.
I see what you mean. I will try on both sizes, then.

이 흰색 운동화로 230밀리를 찾고 있는데요.
I am looking for 230mm size for these white sneakers.

찾아봤는데 모두 큰 사이즈들이던데요.
I tried to find one, but they were all bigger sizes.

네. 보통 거기에 없으면 뒤쪽에도 없어요.
Okay. Usually if you don't see one out there, we also don't have them in the back.

그래도 한번만 뒤쪽을 살펴봐 주실래요?
But could you please check the back for me?

보고
바로 말하기

실제 상황에서는 우리말 문장과 동시에 영어가 떠올라야 해요. 우리말 문장을 보고 영어로 바로 말해 보세요.

- ☐ 탈의실이 어디 있나요?
- ☐ 저 초록색 후드 티 한번 입어 봐도 돼요?
- ☐ 초록색 게 저한테 더 잘 맞는 것 같아요.
- ☐ 중간 사이즈로 입어 볼 거예요.

- ☐ 엑스트라 스몰 사이즈는 저한테 너무 꽉 낄 것 같아요.
- ☐ 저는 이런 검정 부츠로 230밀리를 찾고 있어요.
- ☐ 발 크기 좀 재 주실래요?
- ☐ 이 와이셔츠 혹시 다른 색깔로 있나요?
- ☐ 이 후드 티가 맘에 드네요. 스몰 사이즈를 입어 보려고요.
- ☐ 그럼 두 사이즈 모두 입어 볼게요.

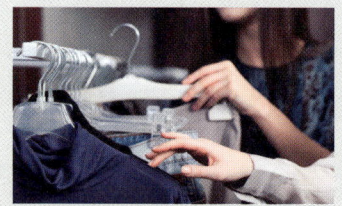

- ☐ 찾아봤는데 모두 큰 사이즈들이던데요.
- ☐ 그래도 한번만 뒤쪽을 살펴봐 주실래요?

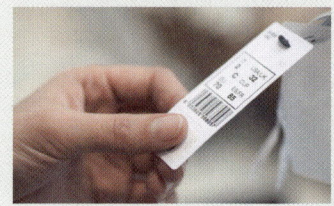

UNIT 22

브랜드 매장에서 쇼핑 후 부가세 환급에 대해 물어보기

단어만 알아도 안심이 돼요.

실제 브랜드 매장에서 쇼핑하는 상황에서 꼭 알아야 하는 건 아래 단어만으로도 충분해요. 정확하게 말할 수 있게 발음을 듣고 따라 해 보세요.

SINGLE WORDS

쇼핑객	shopper
구경하다	browse
할인 판매	sale
특정한	specific
품질보증	warranty
환급	refund
(서류를) 작성하다	fill out
도장 스탬프를 찍다	stamp (v.)
증서	certificate
포장하다	wrap

COMBO PHRASES

알뜰한 쇼핑객	thrifty shopper
나이키 매장을 구경하다	browse around the Nike store
할인 판매 중이다	be on sale[1]
특정 사이즈	specific size
품질보증 기간	warranty period[2]
부가가치세 환급	VAT[3] refund
이 양식을 작성하다	fill out this form
이 서류에 스탬프를 받아야 합니다.	This document needs to be stamped.
선물 증서	gift certificate[4]
선물을 포장하다	wrap the present

[1] for sale은 '물건을 판매 중인'의 뜻이에요.
[2] 흔히 말하는 애프터서비스 기간이 바로 이 warranty period예요.
[3] VAT는 Value Added Tax의 머리글자예요.
[4] 선물을 받은 사람이 교환 또는 환불을 요구할 수 있는 증서예요.

뼈대 문장 익히기

여행에 필요한 뼈대 문장을 익혀 보아요. 머릿속에서만 맴돌던 영어 문장이 입에서 터져 나와요.

뼈대 문장 1

I am just browsing.
그냥 구경하는 거예요.

매장에 들어갔는데, 나를 쳐다보는 직원의 눈길이 조금 부담스럽다고 느낄 때, 이 표현을 쓰면 됩니다. 〈I'm+동사-ing〉는 '지금 ~하는 중이에요'로 현재 자기가 찾고 있는 물건을 말할 때도 응용해서 쓸 수 있어요.

다음 단어를 넣어 문장을 쓰고 말해 보세요.

1 그냥 둘러보는 | just looking around

2 어깨에 메는 가방을 찾고 있는 | looking for a shoulder bag

3 노트북컴퓨터 가방을 찾고 있는 | looking for a laptop bag

4 세일하는 지갑을 찾고 있는 | looking for a wallet on sale

뼈대 문장 2

Do you have anything in navy blue?
혹시 감청색으로 된 게 있나요?

anything, something은 특이하게도 꾸며 주는 말들이 뒤에 놓여요. Do you have anything ~이라고 던지고서 뒤에 꾸며 주는 말을 붙이는 훈련을 해 보세요.

1 밝은 청색으로 된 | in light blue

2 진한 빨간색으로 된 | in dark red

3 좀 더 싼 | cheaper

4 좀 더 작은 | smaller

뼈대 문장 3

How much is this satchel, including tax?

이 사첼 백은 세금 포함해 얼마인가요?

우리나라와 달리 외국은 정가에 세금이 따로 붙는 경우가 많습니다. 그래서 그 세금까지 더한 총액을 알고 싶을 때 이렇게 물어볼 수 있어요. 참고로 satchel은 아이들이 어깨에 메는 책가방입니다.

1 배낭은 | backpack

2 호보 백은 | hobo*

3 스웨거 백은 | swagger**

4 크로스바디 백은 | crossbody***

*hobo: 잡화, 개인용품을 넣는 백   **swagger (bag): 어깨에 멜 수도 손으로 들 수 있게 만든 백
***crossbody: 어깨에 사선으로 걸쳐 맬 수 있는 가방

뼈대 문장 4

Can I ask you about Nike Air Force 1?

나이키 에어포스 1에 대해 좀 물어봐도 돼요?

궁금해서 물어보는 건 소비자의 당연한 권리지만 이렇게 허락을 구하는 표현을 쓰면 훨씬 정중하게 들립니다.

1 에어 조던 11 | Air Jordan 11

2 여성 후드 티 | women's hoodies

3 플리스 운동복 상의 | fleece sweatshirts*

4 남성 운동복 하의 | men's sweatpants

*sweatshirt: 운동복 상의

뼈대 문장 5

Does the price include tax?
가격에 세금도 포함되나요?

우리나라도 가격에 배송비가 포함될 때도 있고 아닐 때도 있잖아요. 외국은 tax가 그렇습니다. 그럴 때 물어보면 유용합니다.

1 부가가치세도 | VAT

2 배송료도 | the shipping fee

3 애프터서비스도 | the warranty

4 팁도 | a tip

뼈대 문장 6

I was wondering if a visitor to Canada could claim a VAT refund.
캐나다를 방문 중인데 혹시 부가세 환급을 청구할 수 있을는지요.

I was wondering if ~는 '~인지 아닌지 궁금하다'라고 통으로 외워 두세요. claim은 '청구하다'이며, 부과세 환급은 외국인이 백화점을 포함한 Tax Free/Duty Free 마크가 붙은 상점에서 일정 금액 이상 물건을 구입하게 되면 출국 시 10% 내외의 부가세를 환급 받는 것을 뜻합니다.

1 미국을 | the U.S.

2 아일랜드를 | Ireland

3 필리핀을 | the Philippines

4 브라질을 | Brazil

UNIT 22 브랜드 매장에서 쇼핑 후 부가세 환급에 대해 물어보기

뼈대 문장 7
Is there any way to get a discount?
할인 받을 방법이 혹시 있을까요?

'아는 게 힘이다'란 말이 쇼핑에서처럼 잘 들어맞을 때가 없죠. 정보가 많은 사람들은 이것저것 쿠폰 등 여러 방식으로 할인을 받아 저렴하게 구입하곤 합니다. 알뜰한 쇼핑객이라면 꼭 물어봐야 할 질문입니다.

1 나이키 에어 맥스를 할인 받을 | to get a discount on Nike Air Max

2 추가로 할인 받을 | to get an additional discount

3 추가로 10%를 더 할인 받을 | to get an additional 10% off

4 쿠폰 북을 무료로 얻을 | to get a coupon book for free

뼈대 문장 8
Can I exchange this item?
이 물건 교환이 되나요?

Can I ~?는 '내가 ~할 수 있나요?'로 '~가 가능한가요?'의 의미입니다. 교환 외에 반품, 환불 등이 가능한지 확실히 알아두어야 나중에 문제가 생겼을 때 신속하게 대처할 수 있습니다.

1 이거 새 걸로 교환이 | exchange this for a new one*

2 이 물건 반품이 | return** this item

3 현금 환불이 | get a cash refund

4 이거 선물 포장이 | have this gift-wrapped***

*exchange A for B: A를 B로 교환하다   **return: 반품하다   ***have+A+gift-wrapped: A가 선물 포장되게 하다

실전 회화

실제 브랜드 매장에서의 대화는 어떻게 이뤄질까요? 알아듣는 게 중요한 문장과 말하는 게 중요한 문장에 주의하면서 들어 보세요.

Dialog 1 코치 매장에 들러 이것저것 물어보며 세일 중인 핸드백 고르기

점원: 어서 오세요. 오늘 뭐 특별히 찾으시는 거 있으세요?
CLERK: Good morning. Are you looking for something specific today?

네, 핸드백을 찾고 있어요.
Yes, I am looking for a handbag.

점원: 이쪽으로 오세요. 마음에 두고 있는 색상 있으세요?
CLERK: Come this way, please. Do you have a color in mind?

혹시 감청색으로 된 게 있나요? *(핸드백을 하나 집어들며)* 이 가방 세일하는 거예요?
Do you have anything in navy blue? *(picking up a bag)* **Is this bag on sale?**

점원: 네, 할인 가격이 빨간색 꼬리표에 쓰여 있어요. 세금은 별도입니다.
CLERK: Yes. The sale price is on the red tag. The tax is separate.

세금 포함하면 얼마죠?
How much is it including tax?

점원: 세금 포함해서 500달러예요.
CLERK: It would be 500 dollars including tax.

네, 이걸로 할게요. 선물 증서도 같이 주실래요?
Okay, I will take this. Could you please give me a gift certificate for it?

점원: 그럼요. 제가 포장도 해드릴게요.
CLERK: Sure, I'll have it wrapped for you as well.

감사합니다.
Thank you.

Dialog 2 매장 계산대에서 결제하면서 부가세 환급 방법에 대해 묻기

뭐 하나 여쭤봐도 될까요? 미국 방문자도 부가세 환급을 청구할 수 있죠. 그렇죠?
Can I ask you a question? A visitor to the U.S. can claim a VAT refund. Is it correct?

계산대 직원: 네. 여권 좀 보여 주시겠어요?
CASHIER: Certainly. Could you show me your passport?

여기요.
Here you are.

계산대 직원: 감사합니다. 이 부가세 환급 청구서 작성해 주세요.
CASHIER: **Thank you. Please fill out this VAT Refund Claim Form.**

그게 다예요?
Is that all?

계산대 직원: 예, 제가 알기로는요. 그리고 로스앤젤레스 국제공항 세관에서 이 서류에 스탬프를 받으셔야 해요. 잊지 말고 영수증도 함께 가져가세요.
CASHIER: **Yes, as far as I know. This document needs to be stamped at the customs office of the L.A. International Airport. Don't forget to have the receipt with you.**

정말 감사합니다. 정보가 정말 도움이 되었어요.
Thank you so much. This information has been really helpful.

계산대 직원: 별 말씀을요.
CASHIER: No problem.

실전 말하기 훈련

많이 듣고 말해 본 사람이 실전에도 강합니다. 뼈대 문장 훈련으로 워밍업이 됐다면 실전 회화 속 주요 문장을 큰 소리로 말해 보세요.

핸드백을 찾고 있어요.
I am looking for a handbag.

혹시 감청색으로 된 게 있나요?
Do you have anything in navy blue?

이 가방 세일하는 거예요?
Is this bag on sale?

세금 포함하면 얼마죠?
How much is it including tax?

네, 이걸로 할게요.
Okay, I will take this.

선물 증서도 같이 주실래요?
Could you please give me a gift certificate for it?

미국 방문자도 부가세 환급을 청구할 수 있죠. 그렇죠?
A visitor to the U.S. can claim a VAT refund. Is it correct?

이 부가세 환급 청구서 작성해 주세요.
Please fill out this VAT Refund Claim Form.

로스앤젤레스 국제공항 세관에서 이 서류에 스탬프를 받으셔야 해요.
This document needs to be stamped at the customs office of the L.A. International Airport.

잊지 말고 영수증도 함께 가져가세요.
Don't forget to have the receipt with you.

정보가 정말 도움이 되었어요.
This information has been really helpful.

UNIT 22 브랜드 매장에서 쇼핑 후 부가세 환급에 대해 물어보기

보고 바로 말하기

실제 상황에서는 우리말 문장과 동시에 영어가 떠올라야 해요. 우리말 문장을 보고 영어로 바로 말해 보세요.

☐ 그냥 구경하는 거예요.

☐ 혹시 감청색으로 된 게 있나요?

☐ 이 사첼 백은 세금 포함해 얼마인가요?

☐ 나이키 에어포스 1에 대해 좀 물어봐도 돼요?

☐ 가격에 세금도 포함되나요?

☐ 캐나다를 방문 중인데 혹시 부가세 환급을 청구할 수 있을런지요.

☐ 할인 받을 방법이 혹시 있을까요?

☐ 이 물건 교환이 되나요?

☐ 이 가방 세일하는 거예요?

☐ 이 부가세 환급 청구서 작성해 주세요.

☐ 그게 다예요?

☐ 정보가 정말 도움이 되었어요.

UNIT 23

대형 마트에서
쇼핑하고 환불하기

단어만 알아도 안심이 돼요.

실제 대형 마트에서 쇼핑할 때 꼭 알아야 하는 건 아래 단어만으로도 충분해요. 정확하게 말할 수 있게 발음을 듣고 따라 해 보세요.

SINGLE WORDS

물건, 품목	item
바구니	basket
손수레	cart
농산물	produce[1]
바꾸다, 교환하다	replace
보상, 보너스	rewards
영수증	receipt
환불	refund
(카드에) 돈을 재입금하다	recredit
적립하다	collect
(바코드 따위 등을) 찍다	scan

COMBO PHRASES

진열대에 있는 물건들	the items on the shelf
쇼핑 바구니	shopping basket
쇼핑 손수레	shopping cart
신선한 농산물 코너	fresh produce section
이 물건을 교환하다	replace this item
보너스 카드를 신청하다	sign up for a rewards card
영수증을 요구하다	ask for a receipt
환불을 받다	get a refund
카드에 10달러를 재입금하다	recredit 10 dollars to one's card
보너스 포인트를 적립하다	collect rewards points
바코드를 찍다	scan barcodes

[1] produce가 '농산물'의 의미일 때는 강세가 앞에 오는 것에 주의하세요.

뼈대 문장 익히기

여행에 필요한 뼈대 문장을 익혀 보아요. 머릿속에서만 맴돌던 영어 문장이 입에서 터져 나와요.

뼈대 문장 1

Could you tell me where the dairy section is?
유제품 코너가 어디 있는지 알려 주시겠어요?

외국, 특히 미국의 대형 마트는 공간도 엄청 넓고 분류 체계가 우리랑 달라서 찾기 어려운 경우도 있습니다. 이럴 때는 이 표현을 이용해 물어보세요.

다음 단어를 넣어 문장을 쓰고 말해 보세요.

1 농산물 코너가 | the produce section　□ □ □

2 냉장 코너가 | the refrigerated section　□ □ □

3 델리 코너가 | the deli* section　□ □ □

4 치즈 판매대가 | the cheese counter　□ □ □

*deli는 delicatessen의 줄임말로 치즈나 차가운 육류 등을 파는 가게를 말합니다.

뼈대 문장 2

What aisle are the frozen foods in?
냉동 식품은 몇 번 통로에 있나요?

대형 마트의 품목은 통로(aisle)로 나눠져 있어서 자신이 찾는 품목이 몇 번 통로에 있는지 물어볼 수 있습니다.

1 초콜릿은 | the chocolates　□ □ □

2 과자는 | the cookies　□ □ □

3 사탕은 | the candies　□ □ □

4 씨리얼들은 | the cereals　□ □ □

UNIT 23 대형 마트에서 쇼핑하고 환불하기　235

뼈대 문장 3

Do you carry Greek yogurt?

그리스식 요거트도 파나요?

carry를 '운반하다'의 뜻으로만 알고 있었죠? 이렇게 상점에서 쓰일 때는 '팔다'의 의미도 있습니다.

1 무가당 오렌지 주스도 | sugar-free orange juice

2 저지방 우유도 | low fat milk

3 1회용 컵도 | disposable* cups

4 유기농 제품도 | organic products

*disposable: 사용 후 버리게 되는, 1회용의

뼈대 문장 4

Are cherries on sale today?

오늘 체리 세일 하나요?

'(할인해 파는) 세일 하다'는 be on sale로 표현합니다. 참고로 for sale은 '현재 판매 중인'의 뜻이에요.

1 바나나 | bananas

2 단풍 시럽 | maple syrup

3 M&M's 초콜릿 | M&M's chocolates

4 종합 비타민제 | multivitamin tablets*

*tablet: 둥글넓적한 모양의 약제. 삼각형 약물 주어가 maple syrup처럼 단수이면 Is를 써야 합니다.

뼈대 문장 5

Is this item currently in stock?
현재 이 물건 재고가 있나요?

해당 품목을 대량 구매하고 싶어서 재고가 있는지 물어볼 때 쓸 수 있는 표현입니다.
be in stock은 '재고가 있다'의 뜻이에요.

1 이 시금치 피자 | this spinach pizza

2 이 라면들 | these ramen noodles

3 참치 통조림 | the canned* tuna

4 센트룸 종합 비타민 | Centrum Multivitamins

*canned: 통조림으로 처리한   ▶ 주어가 복수형이면 Is가 아니라 Are 쓰는 것, 아시죠?

뼈대 문장 6

I'll pay with cash.
현금으로 계산할 거예요.

어떻게 지불할 건지 말해 주면 포인트 적립 등을 미리 준비할 수 있으니까 cashier에게 다음과 같이 말해 주세요.

1 마스터 카드로 | Master Card

2 비자로 | Visa

3 미국 달러로 | U.S. dollars

4 여행자 수표로 | traveler's checks

UNIT 23 대형 마트에서 쇼핑하고 환불하기

뼈대 문장 7

Could I have a plastic bag, please?
비닐 봉투 하나 주시겠어요?

'비닐 봉투'는 vinyl bag이 아니라 plastic bag이라고 한다는 것, 꼭 알아두세요.
Could I have ~? 뒤에 원하는 것을 말하면 '~ 주시겠어요?'의 뜻이 됩니다.

1 비닐 봉투 하나만 더 | another plastic bag ☐ ☐ ☐

2 종이봉투 하나 | a paper bag ☐ ☐ ☐

3 무료 종이봉투 하나 | a free paper bag ☐ ☐ ☐

4 재활용 쇼핑백 하나 | a reusable carrier bag ☐ ☐ ☐

뼈대 문장 8

I'd like to return this acacia honey.
이 아카시아 꿀을 반품하려고요.

산 물건이 마음에 안 들거나 문제가 있어 반품할 때 쓰는 표현입니다.
I'd like to return ~ 뒤에 반품할 물건을 넣으면 됩니다.

1 이 훈제연어를 | this smoked* salmon ☐ ☐ ☐

2 이 블루베리 잼을 | this blueberry jam ☐ ☐ ☐

3 이 유기농 달걀들을 | these organic eggs ☐ ☐ ☐

4 이 건전지들을 | these batteries ☐ ☐ ☐

*smoked: (음식 등을) 훈제한

실전 회화

실제 대형 마트에서의 대화는 어떻게 이뤄질까요? 알아듣는 게 중요한 문장과 말하는 게 중요한 문장에 주의하면서 들어 보세요.

Dialog 1 월마트 계산대에서 물건 값 계산하기

계산대 직원: *(물건의 바코드를 찍으며)* 보너스 카드 있으세요?
CASHIER: *(scanning your items)* Do you have a rewards card?

아뇨, 없어요.
No, I don't.

계산대 직원: 하나 신청하시겠어요? 어떤 물건들은 더 싼 가격에 살 수 있고 포인트도 적립할 수 있어요.
CASHIER: Would you like to sign up for one? You can buy certain items for a cheaper price and you can collect points.

관광객인데, 저도 만들 수 있나요?
I'm a tourist here myself. Can I have one?

계산대 직원: 아뇨, 안 돼요. 죄송합니다.
CASHIER: No, you can't. Sorry.

괜찮아요.
That's okay.

계산대 직원: 자, 30달러 57센트입니다. *(현금을 받고서)* 거스름돈하고, 여기 영수증입니다.
CASHIER: Well, that's 30 dollars and 57 cents. *(after receiving cash)* Your change, and here's your receipt.

감사합니다.
Thank you.

sign up for ~: ~을 신청하다, 등록하다

UNIT 23 대형 마트에서 쇼핑하고 환불하기 239

Dialog 2 구입한 상품을 반납하고 현금으로 환불 받기

고객 서비스 담당자: 안녕하세요, 뭘 도와드릴까요?
CUSTOMER SERVICE: Hi, how can I help you?

이 아카시아 꿀을 환불하려고요.
I would like a refund for this acacia honey.

고객 서비스 담당자: 반품하시려는 이유가 있나요?
CUSTOMER SERVICE: Is there any reason you wish to return it?

병에 금이 갔어요.
There's a crack on the jar.

고객 서비스 담당자: 알겠습니다. 교환해 드릴까요?
CUSTOMER SERVICE: Okay. Would you like to replace it?

아뇨, 환불해 주세요.
No thanks. I would like to have a refund.

고객 서비스 담당자: 네, 영수증 갖고 계세요?
CUSTOMER SERVICE: Okay, do you have your receipt with you?

네, 여기 있어요.
Yes. Here it is.

고객 서비스 담당자: 신용카드로 구입하셨네요. 5달러 99센트를 결제하신 마스터 카드로 다시 입금해 드릴까요?
CUSTOMER SERVICE: I see that you bought it with your credit card. Would you like me to recredit 5 dollars and 99 cents to your MasterCard?

아뇨, 괜찮으시다면 현금으로 주세요.
No, I prefer cash if you don't mind.

고객 서비스 담당자: 네, 알겠습니다.
CUSTOMER SERVICE: Not at all.

crack: 금, 균열
if you don't mind: 괜찮다면 (이 문장에 긍정적인 답변을 하려면 **Not at all**, **Of course not**처럼 부정어를 써야 해요.)

많이 듣고 말해 본 사람이 실전에도 강합니다. 뼈대 문장 훈련으로 워밍업이 됐다면 실전 회화 속 주요 문장을 큰 소리로 말해 보세요.

보너스 카드 있으세요?
Do you have a rewards card?

하나 신청하시겠어요? 어떤 물건들은 더 싼 가격에 살 수 있고 포인트도 적립할 수 있어요.
Would you like to sign up for one? You can buy certain items for a cheaper price and you can collect points.

관광객인데, 저도 만들 수 있나요?
I'm a tourist here myself. Can I have one?

자, 30달러 57센트입니다.
Well, that's 30 dollars and 57 cents.

거스름돈하고, 여기 영수증입니다.
Your change, and here's your receipt.

이 아카시아 꿀을 환불하려고요.
I would like a refund for this acacia honey.

병에 금이 갔어요.
There's a crack on the jar.

아뇨, 환불해 주세요.
No thanks. I would like to have a refund.

신용카드로 구입하셨네요. 5달러 99센트를 결제하신 마스터 카드로 다시 입금해 드릴까요?
I see that you bought it with your credit card. Would you like me to recredit 5 dollars and 99 cents to your MasterCard?

아뇨, 괜찮으시다면 현금으로 주세요.
No, I prefer cash if you don't mind.

보고 바로 말하기

실제 상황에서는 우리말 문장과 동시에 영어가 떠올라야 해요. 우리말 문장을 보고 영어로 바로 말해 보세요.

- [ ] 유제품 코너가 어디 있는지 알려 주시겠어요?
- [ ] 냉동 식품은 몇 번 통로에 있나요?
- [ ] 그리스식 요거트도 파나요?
- [ ] 오늘 체리 세일 하나요?
- [ ] 현재 이 물건 재고가 있나요?

- [ ] 현금으로 계산할 거예요.
- [ ] 비닐 봉투 하나 주시겠어요?
- [ ] 이 아카시아 꿀을 반품하려고요.
- [ ] 보너스 카드 있으세요?
- [ ] 관광객인데, 저도 만들 수 있나요?

- [ ] 신용카드로 구입하셨네요. 5달러 99센트를 결제하신 마스터 카드로 다시 입금해 드릴까요?
- [ ] 괜찮으시다면 현금으로 주세요.

ANSWERS

뼈대 문장 정답 확인

UNIT 1

> 뼈대 문장 익히기

뼈대 문장 1
1. Where is the information desk?
2. Where is the Korean Air's check-in counter?
3. Where is the washroom?
4. Where is the lavatory?

뼈대 문장 2
1. How do I get to Gate 17 A?
2. How do I get to Gate 31 B?
3. How do I get to Terminal 2?
4. How do I get to the new International Terminal?

뼈대 문장 3
1. My flight will depart shortly.
2. My flight arrived 10 minutes ago.
3. My flight will be delayed by an hour.
4. My flight has been canceled.

뼈대 문장 4
1. Excuse me, is this seat 5 A?
2. Excuse me, is this seat 24 F?
3. Excuse me, is this seat empty?
4. Excuse me, is this seat taken?

뼈대 문장 5
1. I'd like a cup of green tea, please.
2. I'd like a can of Coke, please.
3. I'd like a Diet Coke with ice, please.
4. I'd like some honey-roasted peanuts, please.

뼈대 문장 6
1. What kind of snacks do you have with you?
2. What kind of fruit do you have with you?
3. What kind of bread do you have with you?
4. What kind of wine do you have with you?

뼈대 문장 7
1. May I have one more napkin?
2. May I have one more pillow?
3. May I have one more beer?
4. May I have one more Sprite?

뼈대 문장 8
1. Could you remove this cup?
2. Could you remove this Coke can?
3. Could you remove the leftover food?
4. Could you remove the newspapers?

UNIT 2

> 뼈대 문장 익히기

뼈대 문장 1
1. Could I get another immigration form?
2. Could I get another I-94 form?
3. Could I get another departure card?
4. Could I get another application form?

뼈대 문장 2
1. I am here with my friends.
2. I am here with some friends of mine.
3. I am here with my two sisters.
4. I am here by myself.

뼈대 문장 3
1. We are a family of four.
2. We are five.
3. We are a family of six.
4. We are eleven.

뼈대 문장 4
1. My son is in 1st grade.
2. My son is in 3rd grade.
3. My son is in kindergarten.
4. My son is in high school.

뼈대 문장 5
1. I am going to stay in New York for about 10 days.
2. I am going to stay in New York for a couple of weeks.
3. I am going to stay in New York for a few days.
4. I am going to stay in New York for one and a half months.

뼈대 문장 6
1. I am a public employee.
2. I am a freelance programmer.
3. I am self-employed.
4. I am retired.

뼈대 문장 7
1. Where can I find the baggage claim?
2. Where can I find a cart?
3. Where can I find the transit counter?
4. Where can I find the Lost and Found office?

뼈대 문장 8
1. I've lost my luggage.
2. I've lost my suitcase.
3. I've lost my declaration form.
4. I've lost my wallet.

UNIT 3

> 뼈대 문장 익히기

뼈대 문장 1
1. I am looking for the taxi stand.
2. I am looking for an information desk.
3. I am looking for the currency exchange.
4. I am looking for a cell phone charging station.

뼈대 문장 2
1. I'd like to go to the Holiday Inn Hotel downtown from here.
2. I'd like to go to the Ritz Carlton Hotel from here.
3. I'd like to go to the Intercontinental Hotel from here.
4. I'd like to go to the Four Seasons Hotel from here.

뼈대 문장 3
1. Could you take me to Times Square?
2. Could you take me to Lincoln Center?
3. Could you take me to Coney Island?
4. Could you take me to Yankee Stadium?

뼈대 문장 4
1. How much would it cost to Times Square?
2. How much would it cost to Lincoln Center?
3. How much would it cost to Coney Island?
4. How much would it cost to Yankee Stadium?

뼈대 문장 5
1. Can you get me there in just ten minutes?
2. Can you get me there in fifteen minutes?
3. Can you get me there in thirty minutes?
4. Can you get me there in half an hour?

뼈대 문장 6
1. Is this line for the shuttle to the Grand Hyatt Hotel?
2. Is this line for the shuttle to the Park Hyatt Hotel?
3. Is this line for the shuttle to the Hyatt Regency Hotel?
4. Is this line for the shuttle to the Hyatt Place Hotel?

뼈대 문장 7
1. How often does the free shuttle run?
2. How often does the airport shuttle run?
3. How often does the hotel shuttle run?
4. How often does the shuttle between Venetian and Wynn Hotel run?

뼈대 문장 8
1. Does the shuttle leave every hour?
2. Does the shuttle leave every quarter hour?
3. Does the shuttle leave every half hour?
4. Does the shuttle leave every half hour or so?

UNIT 4

› 뼈대 문장 익히기

뼈대 문장 1
1. I'll take the ride to the convention center.
2. I'll take the ride to Central Park.
3. I'll take the ride to Montreal University.
4. I'll take the ride to Wall Street.

뼈대 문장 2
1. Do you know where the information desk is?
2. Do you know where the shuttle bus stop is?
3. Do you know where the ticket counter is?
4. Do you know where a ticket vending machine is?

뼈대 문장 3
1. I am going to Park Boulevard.
2. I am going to 3147 Park Boulevard.
3. I am going to the Smithsonian Museum.
4. I am going to the Smithsonian Museum in Jefferson Drive.

뼈대 문장 4
1. How long will it take to the Hilton Hotel by taxi?
2. How long will it take to the Hilton Hotel by shuttle?
3. How long will it take to the Hilton Hotel from here?
4. How long will it take to the Hilton Hotel from the airport?

뼈대 문장 5
1. It will take more than 10 minutes.
2. It will take less than 10 minutes.
3. It will take 10 minutes or less.
4. It will take long.

뼈대 문장 6
1. Can you recommend any good Italian restaurant?
2. Can you recommend any good Japanese restaurant?
3. Can you recommend any good steak restaurant?
4. Can you recommend any good steak restaurant downtown?

뼈대 문장 7
1. Does the shuttle go directly to the Sandman Hotel downtown?
2. Does the shuttle go directly to the Sandman Hotel in downtown Vancouver?
3. Does the shuttle go directly to the Sandman Hotel in Maple Street?
4. Does the shuttle go directly to the Sandman Hotel in West Avenue?

뼈대 문장 8
1. I don't know how to get there.
2. I don't know how to get to Macy's.
3. I don't know how to get to Stanton Island.
4. I don't know how to get to Rockefeller Tower.

UNIT 5

› 뼈대 문장 익히기

뼈대 문장 1
1. I have a reservation for today only.
2. I have a reservation from Monday through Thursday.

3. I have a reservation for three days.
4. I have a reservation for three days from today.

뼈대 문장 2
1. I booked a single room here for two days from today.
2. I booked a double room here for two days from today.
3. I booked a twin room here for two days from today.
4. I booked a double-double room here for two days from today.

뼈대 문장 3
1. How much is a double room for one night?
2. How much is a twin room for one night?
3. How much is a suite for one night?
4. How much is a junior suite for one night?

뼈대 문장 4
1. I'd like a room with an ocean view.
2. I'd like a room with a lake view.
3. I'd like a front-facing room.
4. I'd like a rear-facing room.

뼈대 문장 5
1. I'd like to check out at 10 a.m.
2. I'd like to have a late check-out.
3. I'd like to change the room.
4. I'd like to extend my stay for two nights.

뼈대 문장 6
1. Is there any fee for long-distance calls?
2. Is there any fee for international calls?
3. Is there any fee for photocopying?
4. Is there any fee for printing?

뼈대 문장 7
1. Do you take American Express traveler's checks?
2. Do you take Master Card?
3. Do you take Visa?
4. Do you take Euros?

뼈대 문장 8
1. I need to be at the airport by 10 a.m.
2. I need to be at the airport by noon.
3. I need to be at the airport at 3:30.
4. I need to be at the airport exactly at 3.

UNIT 6

> 뼈대 문장 익히기

뼈대 문장 1
1. Do you have a room with a double bed?
2. Do you have a room with a double bed and a sofa bed?
3. Do you have a room with a queen size bed?
4. Do you have a room with a king size bed and a crib?

뼈대 문장 2
1. I'm calling from room 53.
2. I'm calling from room 301.
3. I'm calling from room 814.
4. I'm calling from room 2025.

뼈대 문장 3
1. I'd like to order continental breakfast for room 402.
2. I'd like to order American breakfast for room 402.
3. I'd like to order spinach and mushroom omelet for room 402.
4. I'd like to order fresh fruit salad with Greek yogurt for room 402.

뼈대 문장 4
1. How would you like your coffee?
2. How would you like your steak?

ANSWERS 247

3. How would you like your hamburger?
4. How would you like your toast?

뼈대 문장 5
1. I'd like it strong.
2. I'd like it medium well-done.
3. I'd like it holding the pickle.
4. I'd like it light.

뼈대 문장 6
1. I'd like to get fresh bed sheets, please.
2. I'd like to get more pillows, please.
3. I'd like to get a shower cap, please.
4. I'd like to get a roll of toilet paper, please.

뼈대 문장 7
1. The TV doesn't work.
2. The toilet doesn't work.
3. The faucet doesn't work.
4. My room key doesn't work.

뼈대 문장 8
1. Do you offer free Internet access?
2. Do you offer free airport shuttle?
3. Do you offer free valet service?
4. Do you offer free wake-up call service?

UNIT 7

> 뼈대 문장 익히기

뼈대 문장 1
1. I need to go to West Vancouver.
2. I need to go to Yale Town.
3. I need to go to Coal Harbor.
4. I need to go to Robson Street.

뼈대 문장 2
1. Where is the Hertz booth?
2. Where is the Avis booth?
3. Where is the Enterprise booth?
4. Where is the Budget booth?

뼈대 문장 3
1. I have a reservation for a compact car from Hyundai.
2. I have a reservation for a midsize car.
3. I have a reservation for a minivan.
4. I have a reservation for a minivan from Honda.

뼈대 문장 4
1. I'd like to rent a car for 3 days.
2. I'd like to rent a car for one day.
3. I'd like to rent a car for just a day.
4. I'd like to rent a car for the weekend.

뼈대 문장 5
1. What types of compact cars do you have?
2. What types of SUVs do you have?
3. What models do you have?
4. What sizes do you have?

뼈대 문장 6
1. Do you have any family vehicles available?
2. Do you have any luxury cars available?
3. Do you have a BMW available?
4. Do you have a Lexus available?

뼈대 문장 7
1. Does the car come with GPS for free?
2. Does the car come with a child safety seat?
3. Does the car come with a ski rack?
4. Does the car come with a DVD player?

뼈대 문장 8
1. I'll take a midsize car with good mileage.
2. I'll take a full-size car.
3. I'll take a convertible car.
4. I'll take a Toyota Camry.

UNIT 8

> 뼈대 문장 익히기

뼈대 문장 1
1. Hello, I'm glad to meet you.
2. Hello, I'm pleased to meet you.
3. Hello, I'm very pleased to meet you.
4. Hello, it's nice to meet you.

뼈대 문장 2
1. I booked this B&B online last March.
2. I booked this B&B online a couple of weeks ago.
3. I booked this B&B online under the name James Lee.
4. I booked this B&B online under my wife's name.

뼈대 문장 3
1. What is this table for?
2. What is this key for?
3. What is this space for?
4. What is this walk-in closet for?

뼈대 문장 4
1. Can I use the microwave?
2. Can I use the toaster?
3. Can I use the forks and spoons?
4. Can I use the electric kettle?

뼈대 문장 5
1. The couch looks great.
2. The couch looks very cozy.
3. The couch looks so luxurious.
4. The couch looks too small for 3 people.

뼈대 문장 6
1. Have you been to Insadong in Seoul?
2. Have you been to Jeju Island?
3. Have you been to Korea?
4. Have you been to any Asian countries?

뼈대 문장 7
1. May I ask what your hobby is?
2. May I ask what your favorite leisure activity is?
3. May I ask what your husband's occupation is?
4. May I ask what your personal interests are?

뼈대 문장 8
1. Are you interested in Asian food?
2. Are you interested in Asian food, particularly Korean food?
3. Are you interested in learning to cook?
4. Are you interested in gardening?

UNIT 9

> 뼈대 문장 익히기

뼈대 문장 1
1. Do you have a free map of downtown Rome?
2. Do you have a street map of Amsterdam?
3. Do you have any brochures on shows and activities?
4. Do you have a map showing the main tourist attractions in Paris?

뼈대 문장 2
1. I'm looking for information about public transportation in Barcelona.
2. I'm looking for information about budget accommodation.
3. I'm looking for information about budget accommodation in Los Angeles.
4. I'm looking for information about Madrid's popular tourist attractions.

뼈대 문장 3
1. I would like to know about the transit bus system.
2. I would like to know about L.A. city tour.

3. I would like to know about the unique cultural experience program.
4. I would like to know about the exploration of history and culture.

뼈대 문장 4
1. I'm interested in Italian cuisine.
2. I'm interested in French cuisine.
3. I'm interested in Greek culture and traditions.
4. I'm interested in traditional handicrafts.

뼈대 문장 5
1. What's the best way of getting around London?
2. What's the best way of getting around New York City?
3. What's the best way of getting around Paris?
4. What's the best way of getting around Rome?

뼈대 문장 6
1. What's included in the half-day tour?
2. What's included in the tour for couples?
3. What's included in the bus fare?
4. What's included in the admission fee?

뼈대 문장 7
1. Where can I find a grocery store?
2. Where can I find a liquor store?
3. Where can I find a smoke shop?
4. Where can I find an ATM machine?

뼈대 문장 8
1. How far is it to the subway station?
2. How far is it to the British Museum?
3. How far is it to the Eiffel Tower?
4. How far is it to the White House?

UNIT 10

> 뼈대 문장 익히기

뼈대 문장 1
1. Where do I catch the bus to the airport?
2. Where do I catch the bus to the zoo?
3. Where do I catch the bus to the Sky View Observatory?
4. Where do I catch the bus to the Natural History Museum?

뼈대 문장 2
1. Which bus goes to 88 Street?
2. Which bus goes to Queens Avenue?
3. Which bus goes to Chinatown?
4. Which bus goes to Stanley Park?

뼈대 문장 3
1. How often does bus number 58 come?
2. How often does bus number 112 come?
3. How often does bus number 5A come?
4. How often does bus number 5B come?

뼈대 문장 4
1. How many stops is it to Trafalgar Square?
2. How many stops is it to Westminster Cathedral?
3. How many stops is it to Broadway?
4. How many stops is it to Madison Square Garden?

뼈대 문장 5
1. How much is the fare to Baker Street?
2. How much is the fare to 56 Avenue?
3. How much is the fare to Duncan Way?
4. How much is the fare to Kings Plaza?

뼈대 문장 6
1. Is there any discount for families?
2. Is there any discount for students?

3. Is there any discount for children?
4. Is there any discount for senior citizens?

뼈대 문장 7
1. I am under 18.
2. I am turning 18 in March.
3. I am 20 years old.
4. I am 30.

뼈대 문장 8
1. Does this day pass have an expiry date?
2. Do the weekly saver tickets have an expiry date?
3. Does this student saver ticket have an expiry date?
4. Do the family saver tickets have an expiry date?

UNIT 11

> 뼈대 문장 익히기

뼈대 문장 1
1. Is this the way to Orsay Museum?
2. Is this the way to Windsor Castle?
3. Is this the way to the Roman Colosseum?
4. Is this the way to Trevi Fountain?

뼈대 문장 2
1. I am on my way to Orsay Museum.
2. I am on my way to Windsor Castle.
3. I am on my way to the Roman Colosseum.
4. I am on my way to Trevi Fountain.

뼈대 문장 3
1. I am taking a 1-week vacation from Korea.
2. I am traveling solo from Korea.
3. I am spending my summer holidays from Korea.
4. I am spending my holidays with my family from Korea.

뼈대 문장 4
1. I've been wanting to come to Italy for a long time.
2. I've been wanting to come to Switzerland for a long time.
3. I've been wanting to come to the Netherlands for a long time.
4. I've been wanting to come here for a long time.

뼈대 문장 5
1. I would like to visit Madrid one day.
2. I would like to visit Istanbul one day.
3. I would like to visit Edinburgh one day.
4. I would like to visit the Silicon Valley one day.

뼈대 문장 6
1. What sort of Korean food do you like?
2. What sort of music do you like?
3. What sort of sports do you like?
4. What sort of computer games do you like?

뼈대 문장 7
1. I hope you have a wonderful time.
2. I hope you have a good time in San Francisco.
3. I hope we will stay in touch.
4. I hope I'll see you again.

뼈대 문장 8
1. It was nice knowing you.
2. It was nice talking to you.
3. It was nice chatting with you.
4. It was nice walking with you.

UNIT 12

> 뼈대 문장 익히기

뼈대 문장 1
1. How do I get to Westminster Abbey?
2. How do I get to the London Eye?
3. How do I get to Guggenheim Museum?
4. How do I get to Tate Modern Gallery?

뼈대 문장 2
1. Excuse me, could you tell me how to get to Westminster Abbey?
2. Excuse me, could you tell me how to get to the London Eye?
3. Excuse me, could you tell me how to get to Guggenheim Museum?
4. Excuse me, could you tell me how to get to Tate Modern Gallery?

뼈대 문장 3
1. Which way is Memorial Hospital?
2. Which way is the post office?
3. Which way is south?
4. Which way is the exit?

뼈대 문장 4
1. Am I going the right way for Central Library?
2. Am I going the right way for Burnaby Public Library?
3. Am I going the right way for Beverly Hills?
4. Am I going the right way for Brooklyn?

뼈대 문장 5
1. Can you show me on the map where we are now?
2. Can you show me on the map where I am?
3. Can you show me on the map where the restaurant is?
4. Can you show me on the map where the nearest gas station is?

뼈대 문장 6
1. How long does it take by bus?
2. How long does it take by car?
3. How long does it take by subway?
4. How long does it take on foot?

뼈대 문장 7
1. Could you please keep this for us?
2. Could you please hold this for us?
3. Could you please carry this bag for us?
4. Could you please watch these bags for us?

뼈대 문장 8
1. Do you mind waiting a minute?
2. Do you mind opening the window?
3. Do you mind closing the door?
4. Do you mind telling me how to use the self-checkout?

UNIT 13

> 뼈대 문장 익히기

뼈대 문장 1
1. Is this your first time in Lake Louise?
2. Is this your first time in Banff National Park?
3. Is this your first time in Jasper National Park?
4. Is this your first time in Columbia Icefield?

뼈대 문장 2
1. I've heard a lot about Empire State Building.
2. I've heard a lot about Big Ben.
3. I've heard a lot about Death Valley.
4. I've heard a lot about Golden Gate Bridge.

뼈대 문장 3
1. The Grand Canyon is so awesome.
2. The Grand Canyon is breathtaking.
3. The Grand Canyon is a must-see.
4. The Grand Canyon is one of Mother Nature's

masterpieces.

뼈대 문장 4

1. Could you help me choose a gift for my mom?
2. Could you help me find key rings?
3. Could you help me find pin badges?
4. Could you help me carry my shopping bags?

뼈대 문장 5

1. Would flag T-shirts be good as souvenirs?
2. Would metal bookmarkers be good as souvenirs?
3. Would digital photo frames be good as souvenirs?
4. Would plates with names of cities be good as souvenirs?

뼈대 문장 6

1. I was wondering if you could recommend a gift for a little boy.
2. I was wondering if you could recommend a gift for a woman in her 40s.
3. I was wondering if you could recommend a gift for a man in his mid-50s.
4. I was wondering if you could recommend a gift for my grandfather.

뼈대 문장 7

1. I am thinking of a fridge magnet that my mom can keep for a long time.
2. I am thinking of a bracelet that my mom can keep for a long time.
3. I am thinking of a decorative collector plate that my mom can keep for a long time.
4. I am thinking of a travel mug that my mom can keep for a long time.

뼈대 문장 8

1. These ice wines seem relatively cheap.
2. These ice wines seem like a good deal.
3. These ice wines seem like a rip-off.
4. These ice wines seem pretty cool as souvenirs.

UNIT 14

> 뼈대 문장 익히기

뼈대 문장 1

1. I would like two tickets for adults.
2. I would like three tickets for today's 5 p.m. show.
3. I would like four tickets for tomorrow's show.
4. I would like six tickets to the House of Dancing Water.

뼈대 문장 2

1. I'd like to book three tickets for tomorrow's 8 p.m. show.
2. I'd like to purchase two adult tickets.
3. I'd like to get discounted tickets.
4. I'd like to have a show leaflet.

뼈대 문장 3

1. I would like to take seats near the front.
2. I would like to take seats near the back.
3. I would like to take seats somewhere in the middle.
4. I would like to take seats in the first two rows.

뼈대 문장 4

1. Are there any discounts for people over 65?
2. Are there any discounts for children under 7?
3. Are there any discounts for students?
4. Are there any discounts for groups?

뼈대 문장 5

1. What's *West Side Story* about?
2. What's *Beauty and the Beast* about?
3. What's *Cats* about?
4. What's *Miss Saigon* about?

뼈대 문장 6
1. Could you speak more slowly, please?
2. Could you speak louder, please?
3. Could you write down what you said, please?
4. Could you write it down, please?

뼈대 문장 7
1. What time does the show start?
2. What time does the show have intermission?
3. How long does the show run?
4. How often does the show run?

뼈대 문장 8
1. Do you sell Pringles?
2. Do you sell Churros?
3. Do you sell Mountain Dew?
4. Do you sell Dr. Pepper?

UNIT 15

> 뼈대 문장 익히기

뼈대 문장 1
1. I have a reservation for four people.
2. I have a reservation for tonight.
3. I have a reservation for 7 o'clock tonight.
4. I have a reservation for three at 6.

뼈대 문장 2
1. I am ready.
2. I am not ready to order yet.
3. I haven't decided yet.
4. I haven't figured out what I want yet.

뼈대 문장 3
1. I'll take a small rib-eye steak.
2. I'll take a T-bone steak & shrimp.
3. I'll take a New York strip steak with prawns.
4. I'll take the number 7.

뼈대 문장 4
1. I'd like my steak rare.
2. I'd like my steak medium.
3. I'd like my steak medium-rare.
4. I'd like my steak well-done.

뼈대 문장 5
1. We'd like two porterhouse steaks and a Cajun chicken salad to share.
2. We'd like two porterhouse steaks and a Greek salad to share.
3. We'd like two porterhouse steaks and a spinach salad to share.
4. We'd like two porterhouse steaks and a potato salad to share.

뼈대 문장 6
1. Let me have Italian dressing for my salad.
2. Let me have house dressing for my salad.
3. Let me have ranch dressing for my salad.
4. Let me have wasabi dressing for my salad.

뼈대 문장 7
1. Is the coffee refillable?
2. Is the tea refillable?
3. Is the Coke refillable?
4. Is the wine refillable?

뼈대 문장 8
1. Could you wrap the rest?
2. Could you wrap this?
3. Could you wrap the leftovers?
4. Could you wrap the leftover steak?

UNIT 16

> 뼈대 문장 익히기

뼈대 문장 1
1. Do you have a non-smoking table?

2. Do you have a table by the window?
3. Do you have a quiet corner table?
4. Do you have a corner table for three?

뼈대 문장 2
1. We need a couple more minutes to decide.
2. We need a few more minutes.
3. We need a little more time.
4. We need a little more time to decide.

뼈대 문장 3
1. I'll have the spaghetti with meatballs.
2. I'll have the spinach lasagna.
3. I'll have the same.
4. I'll have what he's having.

뼈대 문장 4
1. I would like mashed potatoes with that.
2. I would like fries with that.
3. I would like hash browns with that.
4. I would like a potato salad with that.

뼈대 문장 5
1. Does it come with a soup?
2. Does it come with some gravy?
3. Does it come with bread?
4. Does it come with a soda?

뼈대 문장 6
1. Can I have an extra plate, please?
2. Can I have some butter, please?
3. Can I have some more bread, please?
4. Can I have some ketchup on the side, please?

뼈대 문장 7
1. We would like a cheesecake to share.
2. We would like a tiramisu cake to share.
3. We would like a chocolate ice cream to share.
4. We would like an apple pie with ice cream on the side to share.

뼈대 문장 8
1. Please, bring my bill.
2. Please, bring me the check.
3. Please, bring separate bills.
4. Please, bring the machine here.

UNIT 17

> 뼈대 문장 익히기

뼈대 문장 1
1. It's my first time trying Spanish dishes.
2. It's my first time trying authentic Cantonese cuisine.
3. It's my first time trying squid stew.
4. It's my first time trying cod cakes.

뼈대 문장 2
1. Do you have any specials?
2. Do you have a lunch special?
3. Do you have any vegetarian dishes?
4. Do you have any low calorie foods?

뼈대 문장 3
1. What is the hottest dish here?
2. What is the spiciest dish here?
3. What is the most expensive dish here?
4. What is the cheapest dish here?

뼈대 문장 4
1. I don't particularly like wonton soup, but I am okay with it.
2. I don't particularly like seafood, but I am okay with it.
3. I don't particularly like hot food, but I am okay with it.
4. I don't particularly like spicy food, but I am okay with it.

뼈대 문장 5
1. Grilled sardines sound good to me.
2. Stewed ox tail with red wine sounds good to me.
3. Sweet and sour pork sounds good to me.
4. Deep-fried spring rolls sound good to me.

뼈대 문장 6
1. I will try pork and chive dumplings.
2. I will try shrimp and vegetable dumplings.
3. I will try egg drop soup.
4. I will try shark fin soup.

뼈대 문장 7
1. Is there garlic in that?
2. Is there ginger in that?
3. Is there celery in that?
4. Is there tuna in that?

뼈대 문장 8
1. Can I add lemon chicken?
2. Can I add vegetable fried rice?
3. Can I add beef chop suey?
4. Can I add egg rolls?

UNIT 18

> 뼈대 문장 익히기

뼈대 문장 1
1. Can I have iced coffee with milk?
2. Can I have a Caffe Mocha with whipped cream?
3. Can I have a hot Chai Tea Latte with extra foam?
4. Can I have an Espresso with steamed milk?

뼈대 문장 2
1. I think I will try the Vanilla Latte.
2. I think I will try the Flat White.
3. I think I will try the Espresso Frappuccino.
4. I think I will try the Chocolate Smoothie.

뼈대 문장 3
1. What kind of iced Lattes do you have?
2. What kind of chocolate beverages do you have?
3. What kind of freshly brewed coffee do you have?
4. What kind of pastries do you have?

뼈대 문장 4
1. I would like to order a short iced Americano for takeout.
2. I would like to order a short hot Americano for takeout.
3. I would like to order a grande iced Americano for takeout.
4. I would like to order a venti hot Americano for takeout.

뼈대 문장 5
1. Can I have my drink with vanilla syrup?
2. Can I have my drink with peppermint syrup?
3. Can I have my drink with hazelnut syrup?
4. Can I have my drink with raspberry syrup?

뼈대 문장 6
1. What does the Java Chip Frappuccino taste like?
2. What does the Skinny Mocha taste like?
3. What does the Espresso Macchiato taste like?
4. What does the Orange Cream Soda taste like?

뼈대 문장 7
1. I'd like to add a scone.
2. I'd like to add a strawberry Danish.
3. I'd like to add two apple pies.
4. I'd like to add three cinnamon rolls.

뼈대 문장 8
1. Where are the straws?
2. Where are the cup holders?

3. Where are the cup lids?

4. Where are the syrup dispensers?

UNIT 19

⟩ 뼈대 문장 익히기

뼈대 문장 1

1. I'd like to have a Double Cheeseburger.
2. I'd like to have four Big Macs.
3. I'd like to have two McDoubles.
4. I'd like to have a Quarter Pounder with Cheese.

뼈대 문장 2

1. I'd like to order two Happy Meals.
2. I'd like to order two Happy Meals and a Mighty Kids Meal.
3. I'd like to order three Egg McMuffins.
4. I'd like to order Hotcakes and Sausage.

뼈대 문장 3

1. I would like a double cheese burger with a Diet Coke.
2. I would like a double cheese burger with a small Diet Coke.
3. I would like a double cheese burger with a medium Diet Coke.
4. I would like a double cheese burger with a large Diet Coke.

뼈대 문장 4

1. I would like a Caesar Salad with Crispy Chicken on top of that.
2. I would like two Baked Apple Pies on top of that.
3. I would like three Vanilla Cones on top of that.
4. I would like a large Strawberry Milkshake on top of that.

뼈대 문장 5

1. Let me have just one Chicken Snack Wrap.
2. Let me have just two hash browns.
3. Let me have just Chicken McNuggets.
4. Let me have just Mozzarella Sticks.

뼈대 문장 6

1. Can I have my burger with extra lettuce?
2. Can I have my burger with extra tomatoes?
3. Can I have my burger with extra cucumbers?
4. Can I have my burger with extra ketchup?

뼈대 문장 7

1. I'd like my burger without bell peppers.
2. I'd like my burger without mushrooms.
3. I'd like my burger without mayo.
4. I'd like my burger without bacon.

뼈대 문장 8

1. Do you have BBQ sauce?
2. Do you have ketchup?
3. Do you have sweet chilli sauce?
4. Do you have sweet and sour sauce?

UNIT 20

⟩ 뼈대 문장 익히기

뼈대 문장 1

1. I'd like to order a tuna salad sandwich.
2. I'd like to order an egg salad sandwich.
3. I'd like to order a chicken bacon club sandwich.
4. I'd like to order a smoked salmon sandwich.

뼈대 문장 2

1. I'd like the tomato soup.
2. I'd like the clam chowder.
3. I'd like the cream of broccoli soup.
4. I'd like a large bowl of vegetable soup.

뼈대 문장 3
1. The soup is a little cold.
2. The soup is a little salty.
3. The soup is bland.
4. The soup doesn't taste right.

뼈대 문장 4
1. What does the sandwich come with?
2. What does the bagel come with?
3. What does the hotdog come with?
4. What does the pizza come with?

뼈대 문장 5
1. I'll have a dozen assorted doughnuts to go.
2. I'll have a half dozen doughnuts to go.
3. I'll have a pack of mini doughnuts to go.
4. I'll have a family pack to go.

뼈대 문장 6
1. Can I pick out two plain doughnuts?
2. Can I pick out three cinnamon doughnuts?
3. Can I pick out two sugar-coated doughnuts?
4. Can I pick out three peanut doughnuts?

뼈대 문장 7
1. For here, please.
2. Extra hot, please.
3. No mustard, please.
4. No cucumbers, please.

뼈대 문장 8
1. I'll just have a bottle of mineral water.
2. I'll just have a cold soda.
3. I'll just have a cup of coffee black.
4. I'll just have a small Coke, no ice.

UNIT 21

> 뼈대 문장 익히기

뼈대 문장 1
1. Where can I find men's jackets?
2. Where can I find women's tank tops?
3. Where can I find sports apparel?
4. Where can I find North Face windbreakers?

뼈대 문장 2
1. Can I try on that fleece vest?
2. Can I try on the black turtle neck sweater?
3. Can I try on that striped dress shirt?
4. Can I try on these dark gray pants?

뼈대 문장 3
1. I think the light yellow one would fit better on me.
2. I think the dark blue one would fit better on me.
3. I think the striped suit would fit better on me.
4. I think the plain pattern would fit better on me.

뼈대 문장 4
1. I am going to try the small size.
2. I am going to try the extra small size.
3. I am going to try the slim size.
4. I am going to try the extra large size.

뼈대 문장 5
1. I think medium would be too big for me.
2. I think extra large would be too loose for me.
3. I think large would be too wide for me.
4. I think slim size would be too small for me.

뼈대 문장 6
1. I am looking for 230 mm size for these gray tennis shoes.
2. I am looking for 230 mm size for these high heels.
3. I am looking for 230 mm size for these black leather shoes.
4. I am looking for 230 mm size for these yellow

slippers.

뼈대 문장 7
1. Could you measure my waist?
2. Could you measure my chest?
3. Could you measure my shoe size?
4. Could you measure my pants size?

뼈대 문장 8
1. Do you have this dress shirt in beige color?
2. Do you have this dress shirt in different sizes?
3. Do you have this dress shirt in medium size?
4. Do you have this dress shirt in size 7?

UNIT 22

> 뼈대 문장 익히기

뼈대 문장 1
1. I am just looking around.
2. I am looking for a shoulder bag.
3. I am looking for a laptop bag.
4. I am looking for a wallet on sale.

뼈대 문장 2
1. Do you have anything in light blue?
2. Do you have anything in dark red?
3. Do you have anything cheaper?
4. Do you have anything smaller?

뼈대 문장 3
1. How much is this backpack, including tax?
2. How much is this hobo, including tax?
3. How much is this swagger, including tax?
4. How much is this crossbody, including tax?

뼈대 문장 4
1. Can I ask you about Air Jordan 11?
2. Can I ask you about women's hoodies?
3. Can I ask you about fleece sweatshirts?
4. Can I ask you about men's sweatpants?

뼈대 문장 5
1. Does the price include VAT?
2. Does the price include the shipping fee?
3. Does the price include the warranty?
4. Does the price include a tip?

뼈대 문장 6
1. I was wondering if a visitor to the U.S. could claim a VAT refund.
2. I was wondering if a visitor to Ireland could claim a VAT refund.
3. I was wondering if a visitor to the Philippines could claim a VAT refund.
4. I was wondering if a visitor to Brazil could claim a VAT refund.

뼈대 문장 7
1. Is there any way to get a discount on Nike Air Max?
2. Is there any way to get an additional discount?
3. Is there any way to get an additional 10% off?
4. Is there any way to get a coupon book for free?

뼈대 문장 8
1. Can I exchange this for a new one?
2. Can I return this item?
3. Can I get a cash refund?
4. Can I have this gift-wrapped?

UNIT 23

> 뼈대 문장 익히기

뼈대 문장 1
1. Could you tell me where the produce section is?

2. Could you tell me where the refrigerated section is?
3. Could you tell me where the deli section is?
4. Could you tell me where the cheese counter is?

뼈대 문장 2
1. What aisle are the chocolates in?
2. What aisle are the cookies in?
3. What aisle are the candies in?
4. What aisle are the cereals in?

뼈대 문장 3
1. Do you carry sugar-free orange juice?
2. Do you carry low fat milk?
3. Do you carry disposable cups?
4. Do you carry organic products?

뼈대 문장 4
1. Are bananas on sale today?
2. Is maple syrup on sale today?
3. Are M&M's chocolates on sale today?
4. Are multivitamin tablets on sale today?

뼈대 문장 5
1. Is this spinach pizza currently in stock?
2. Are these ramen noodles currently in stock?
3. Is the canned tuna currently in stock?
4. Are Centrum Multivitamins currently in stock?

뼈대 문장 6
1. I'll pay with Master Card.
2. I'll pay with Visa.
3. I'll pay with US dollars.
4. I'll pay with traveler's checks.

뼈대 문장 7
1. Could I have another plastic bag, please?
2. Could I have a paper bag, please?
3. Could I have a free paper bag, please?
4. Could I have a reusable carrier bag, please?

뼈대 문장 8
1. I'd like to return this smoked salmon.
2. I'd like to return this blueberry jam.
3. I'd like to return these organic eggs.
4. I'd like to return these batteries.